安徽财经大学服务安徽经济社会发展系列研究报告 2019

安徽劳动就业与社会保障发展报告 2019

安 徽 财 经 大 学 秦立建
安徽省政府发展研究中心 陈干全 著

合肥工業大學出版社

图书在版编目(CIP)数据

安徽劳动就业与社会保障发展报告 2019/秦立建，陈干全著．—合肥：合肥工业大学出版社，2019.7

(安徽财经大学服务安徽经济社会发展系列研究报告 2019)

ISBN 978-7-5650-4554-7

Ⅰ.①安… Ⅱ.①秦…②陈… Ⅲ.①劳动就业—研究报告—安徽—2019 ②社会保障—研究报告—安徽—2019 Ⅳ.①F249.275.4②D632.1

中国版本图书馆 CIP 数据核字(2019)第 140916 号

安徽劳动就业与社会保障发展报告 2019

秦立建 陈干全 著　　　　责任编辑 刘 露

出 版	合肥工业大学出版社	**版 次**	2019 年 7 月第 1 版
地 址	合肥市屯溪路 193 号	**印 次**	2019 年 7 月第 1 次印刷
邮 编	230009	**开 本**	710 毫米×1010 毫米 1/16
电 话	综合编辑部：0551-62903028	**印 张**	8.75
	市场营销部：0551-62903198	**字 数**	118 千字
网 址	www.hfutpress.com.cn	**印 刷**	合肥现代印务有限公司
E-mail	hfutpress@163.com	**发 行**	全国新华书店

ISBN 978-7-5650-4554-7　　　　总定价：330.00 元

编 委 会

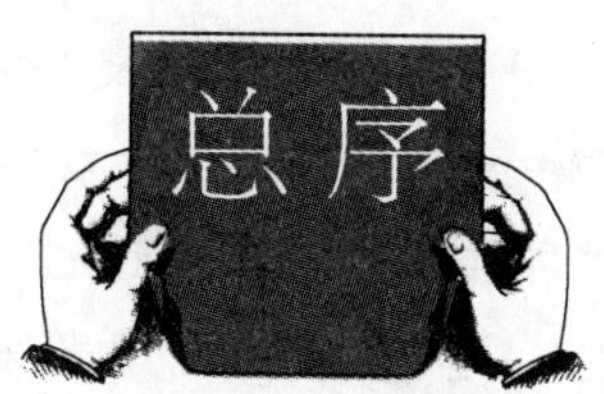

安徽财经大学科研工作始终坚持立足安徽做学问、服务安徽出成果，特别重视立足地方和行业需求构建多层次智库平台。安徽经济社会发展研究院是安徽财经大学设立的研究安徽经济社会发展的专门研究机构，拥有安徽省人文社科重点研究基地、省级协同创新中心、省教育厅智库和安徽省重点智库四个省级科研平台。这些平台优化资源配置、聚合科研力量，鼓励和引导教师围绕安徽省委省政府的重大发展战略选题，深入研究安徽经济社会发展中的重点、热点和难点问题，着力破解制约安徽地方经济社会发展的重大理论和现实问题，为建设特色鲜明的地方高水平财经大学提供了有益的智力支持，取得了较为丰硕的成果并积累了丰富的经验。安徽经济社会发展研究院努力实现在安徽经济发展方面的理论基础、政策研究与实践应用的紧密结合，打造成为立足安徽、面向全国的财经智库。

安徽财经大学每年出版的服务安徽经济社会发展系列研究报告是由安徽经济社会发展研究院组织相关学院的专、兼职研究人员编写出版。我校2006年公开出版服务安徽经济社会发展的首部研究报告——《安徽经济发展报告》，2007年《安徽省县域经济竞争力报告》发布，2010年《安徽省贸易发展研究报告》出版发布，形成我校服务安徽经济社会发展的三大品牌报告。至2019年，年度研究报告增至十部，主要包括：《安徽生态文明建设发展报告2019——新安江生态补偿机制专题报告》《安徽投资发展研究报告2019》《安徽贸易发展研究报告

2019》《安徽劳动就业与社会保障发展报告 2019》《安徽城市发展研究报告 2019》《助力乡村振兴——安徽农产品加工业发展研究报告 2019》《安徽财政发展研究报告 2019》《安徽县域经济竞争力报告 2019》《安徽养老服务业发展报告 2019》《安徽经济发展研究报告 2019》等。

安徽财经大学服务安徽经济社会发展系列研究报告坚持稳定、控制数量、不断提升质量的指导思想，通过进入退出机制、激励机制、分级分类机制、合作机制、运行机制、评价机制和发布机制的改革，政策影响力和媒体影响力日益扩大。2016 年，安徽经济社会发展研究院成功入围中国智库索引首批来源智库，并获大学智库指数排名中的普通高校第一名。根据《中国智库索引（CTTI）2018 年发展报告》，2018 年安徽经济社会发展研究院入选 CTTI 高校智库百强榜。

纵观这十部研究报告可以看出，报告的组织者与撰写者都付出了辛勤的劳动和不懈的努力。当然，我们也清醒地认识到，报告还存在这样或那样的缺点，与政府部门领导和社会各界对我们的期望还有相当大的差距，学校应当在智库建设方面做得更多、更好。我们坚信，只要坚持走下去，只要继续得到社会各界的关心和帮助，系列研究报告一定会越做越好！学校的智库建设也将结出更多的硕果！

安徽财经大学党委书记、校长　丁忠明

2019 年 4 月 20 日

过去的一年，安徽省各级政府在劳动就业与社会保障的制度建设方面，都取得了积极的成效。本年度报告中的安徽就业与社会保障发展总报告是全书的浓缩。在分报告方面，除了重点表述在经济运行新常态背景下，安徽制造业劳动力流动和劳动关系发展报告、安徽医疗保障发展报告、安徽养老保险发展报告以及安徽精准扶贫发展报告等事宜之外，还首次增加了安徽异地就医发展报告等内容。

增加这部分内容的原因在于，在人口大规模流动的背景下，异地长期居住、异地长期工作等情况成为普遍现象。在我国医疗资源分布不均衡的背景下，转诊转院的需求逐渐增加。为解决此类流动人口的异地就医问题、提供就医便利和保障，2016 年，国家异地结算系统开始上线运行，基本医疗保险全国联网和跨省异地就医直接结算工作全面启动。作为首批启动基本医保全国联网和跨省异地就医直接结算项目的 22 个省份之一，安徽省于 2017 年在 17 个统筹地区全面完成接入国家跨省异地就医结算信息系统的工作。截至 2018 年 6 月份，安徽省共设立 249 家异地就医定点医疗机构，异地就医直接结算 79490 人次，其中，省内异地就医直接结算 52455 人次，跨省异地就医直接结算 27035 人次。异地就医直接结算政策不仅解决了异地安置人口的异地就医费用报销问题，还提高了优质医疗资源和服务的可及性，有利于提高整个社会的福利，这些经验和今后工作的方向，值得社会各界进行思考和借鉴。

本部年度发展报告的撰写组成员，都是长期关注劳动就业与社会保障方面的专家。编写组成员不仅在劳动就业和社会保障的理论方面，而且在政策制定和制度运行的实践方面，都具有比较丰富的经验。本发展报告，是多位同仁通力合作、共同努力、多年研究成果的结晶。

本发展报告的写作思路，由安徽财经大学的秦立建博士以及安徽省政府发展研究中心的陈干全处长（博士）共同提出，并由编写组成员探讨而成。各章具体分工如下：第一章，安徽就业与社会保障发展总报告，由郭永芳教授撰写；第二章，安徽制造业劳动力流动和劳动关系发展报告，由王浩林博士撰写；第三章，安徽医疗保障发展报告，由姜丽美博士撰写；第四章，安徽养老保险发展报告，由周凤珍博士撰写；第五章，安徽异地就医发展报告，由秦立建博士撰写；第六章，安徽精准扶贫发展报告，由高新宇博士撰写。

林光祺老师担任本部发展报告的秘书，为本部发展报告的按时按质完成做出了卓有成效的工作。研究生彭彤蔓、葛倩、王奥、胡波、刘圆圆等同学，做了大量优秀的助研工作。淮北市扶贫开发局政策法规科负责人夏琦，在精准扶贫调研中给予了大力支持和帮助。

此外，本发展报告在撰写过程中，编写组成员多次赴安徽省人力资源和社会保障厅、安徽省卫生和计划生育委员会、安徽省民政厅、淮北市扶贫开发局、蚌埠市高新区管委会以及蚌埠市高新区劳动人事争议仲裁院等多家单位进行调研考察，受到各位领导和各位同仁的大力支持和帮助。在此，向为本发展报告提供帮助和大力支持的所有人士，表示由衷的谢意和崇高的敬意！

秦立建

2019 年 3 月 20 日于安徽财经大学

保障充分就业是世界各国公认的政府施政的重要目标。而社会保障制度不仅是社会主义市场经济制度的重要有机构成部分，而且是社会主义市场经济制度的基础性制度。社会保障制度的保障对象是“人”，如果没有建立社会保障制度，则不仅无法“保护”劳动力市场的个人，也无法实现我国建立社会主义市场经济制度的经济体制改革总目标。安徽省处于大长三角地区。在该区域内，上海市、江苏省和浙江省，都是经济社会较为发达的地区，社会保障水平相对较高，吸引劳动力的“拉力”较强。相对于江浙沪地区，安徽省不仅是人口大省而且是农业大省，经济社会发展需要赶超的空间较大。因此，全面反映安徽省劳动就业和社会保障的发展状况，不仅对于推动安徽省劳动就业和社会保障制度的发展，而且对于安徽省制定人才发展战略和其他经济社会发展战略都具有重要意义。

劳动关系有序推进。制造企业劳动力用工在数量和结构上呈双向失衡，改善劳动关系成为缓解上述失衡的一个潜在措施。从2018年企业用工紧情况来看，反映用工非常紧张的占15.38％，用工比较紧张的占38.46％，供求基本平衡的占43.59％，不清楚的占2.56％。从用工紧张的原因来看，招工困难占61.9％，近期临时增加订单占33.33％，企业季节性用工占23.81％，企业扩张占28.57％，过年因素占9.52％。对于存在招工难的原因，求职者对薪酬期望过高和地区工资差异较大、当地工资缺乏吸引力是企业反映的主要原因，其次才是应聘人数少。那么在企业用工紧张的背景之下，企业劳动关系如何呢？从劳动争议HR管理人员的配置来看，56.41%企业HR有专人负责，35.9%企业HR明确了职责，仅有7.69%没有相关设定。从岗位设置上看企业劳动关系管理受到一定程度的重视，但仍然没有成为企业HR管理的一项重要工作。从企业劳动争议情况是否作为人力资源部门负责人年度总结的一项汇报内容情况来看，汇报内容没有涉及的占44.87%，发生重大事件时汇报的占12.82%，常规性汇报的占35.9%，不清楚的占6.41%。工会在制造企业劳动关系处理中的作用得到肯定。调查企业有69.23%建立了企业工会，在建立工会的调查企业中有77.78%的HR有同企业工会合作或沟通的经历。在与工会接触中，有71.43%是由人力资源部门主动发起的。当遇到棘手的劳动争议事件时，51.87%的企业HR第一时间想到请工会协助处理，偶尔有的占14.81%，从来没有的占18.52%。在制造企业中出现部分省外务工人员回流现象。从省外工作经历来看，一直在省内工作的占67.86%，有在省外工作过的占32.14%。从回省内就业的原因来看，排名第一位的原因是亲人不在身边产生的孤独感，排名第二位的原因是方便照顾老人，排名第三位的原因是子女教育问题。

医疗保障改革继续推进。2018年是全面贯彻落实党的十九大精神的开局之年，是改革开放40周年，是决胜全面建成小康社会、实施“十三五”规划承上启下的关键一年，也是建设现代化五大发展美好安徽的重要一年。按照党的十九大报告提出的“实施健康中国战略”的要求及安徽省委省政府的决策部署，安徽省进一步完善了药品供应保障制度，降低药品耗材价格；规范家庭医生签约服务，发挥居民健康“守门人”的作用；巩固临床路径管理+按病种付费，实现公立医院有效控费提质；实现了基本医疗保险药品目录的统一；完善“县管乡用”机制，解决基层医疗卫生机构基础设施薄弱和人才匮乏问题；持续推进智慧医疗建设，提升智能化水平；探索建立紧密型城市医联体，实现医联体建设新突破；探索建立综合监管体系，促进医疗机构管理合法合理；提升县域医共体建设水平，构建具有安徽特色的农村分级诊疗新模式等一系列改革措施，推进了健康安徽建设，为人民群众提供全方位全周期健康服务。但仍存在着医保基金管理市场化不足、医保制度碎片化问题仍较严重、异地就医医疗保险结算有待进一步完善、医疗保险基金累计结余额较多，各地区结余水平差异大、各地保障水平有待进一步提高和均衡、“三项改革”推进力度不协同等问题，建议今后应实施完善异地就医直接结算相关政策、以医保杠杆引导分级诊疗、多措并举控制医疗费用无序增长、加快基本医疗保险城乡统筹进程、加快完善多层次医疗保障体系、适当降低医保基金结余水平等措施，以促进安徽医疗保障事业持续健康发展。

养老保险事业发展取得重要进展。在城镇职工基本养老保险方面，2017年安徽省城镇职工基本养老保险参保人数、退休人数、基金收入、基金支出、累积结余五项指标的增长率中，安徽省的基金支出增长率为16.51%，低于全国平均的19.46%，其余四项的增长率均远高于全国平均水平，尤其是累计结余一项：全国平均累计结余增长率为－12.09%，安徽省的累计结余增长率为17.61%，这说明安徽省的收支状况良好。安徽省城镇职工基本养老保险的就业参保率呈现较大幅度的提升，比2016年提高近7个百分点。全省所有地市的养老金领取人数增长率都高于参保人数增长率，亳州市参保人数和领取养老金人数增长率均居全省之首。另外，阜阳市等五个地区的制度赡养率均已超过0.5，意味着这些地区的养老负担较重，其中养老负担最轻的是合肥市。在城乡居民养老保险方面，2018年全省符合待遇领取条件的人员养老金发放率达100%。个人缴费、集体补助以及政府补贴数额基本稳中有升，领取养老金的人数小幅增加。在企业年金方面，2017年，安徽省企业年金的发展状况较好，企业年金资产达261亿多元。在全国企业年金参与职工人数较多的10个省市中，安徽省位列第8。但从发展趋势来看，企业年金参与职工人数增长率和企业户数增长率，低于全国平均增速，今后还需要从税优政策、准入条件等方面加以激励和改善制度环境。

异地就医工作有序推进。随着经济不断发展，流动人口规模逐渐扩大，人民生活水平的提高也使得越来越多的人追求优质的医疗资源，在我国医疗资源分布不均衡的背景下，转诊转院的需求逐渐增加。从而引发的异地就医问题成为民生工程的焦点之一。2016年以来每年的《政府工作报告》都强调要推进基本医保全国联网的工作，实现异地就医住院费用的直接结算。本次报告首先从宏观角度对安徽省人口环境、医疗环境以及政策环境进行现状分析，其次利用调研获取的微观数据对安徽省异地就医直接结算政策的执行情况和居民异地就医参与意愿进行分析，发现安徽省异地就医直接结算政策宣传不到位、民众异地就医意愿不强、异地就医结算备案程序烦琐、患者转诊转院存在阻力、异地就医门诊费用不能参与结算等问题。针对以上问题，应该加大异地就医直接结算政策的宣传力度、加快医疗保险制度城乡统筹、简化异地就医备案手续、提高安徽省医疗服务水平、重视对异地就医直接结算政策的监管以及积极开展异地就医门诊费用的直接结算工作等，以满足民众的就医需求。

扶贫工作取得成就的同时仍面临新的挑战。首先，安徽省扶贫开发重点县减贫总体情况良好，给我们的经验启示在于：第一，发展产业固根基；第二，易地搬迁助脱贫；第三，生态补偿谋发展；第四，扶持教育增动力；第五，社会保障兜底线；第六，医疗脱贫保健康。其次，安徽省扶贫开发也面临着一系列困难：第一，农民争当贫困户的现象较为严重；第二，准确统计农户家庭总收入较为困难；第三，贫困户脱贫内生动力不足，参与意识淡薄；第四，精准扶贫干部专业知识薄弱，扶贫队伍建设有待加强；第五，农村信息化扶贫程度较低等。最后，完善安徽省精准扶贫的路径在于：第一，加强政策宣传，打消群众顾虑与误解；第二，综合使用定性指标与定量指标，构建科学合理的贫困户识别体系；第三，激发贫困户内生动力，引导多元主体参与；第四，加强扶贫干部专业培训，提升扶贫队伍工作能力；第五，疏导农户排斥心理，简化信息设备，充分利用“互联网+扶贫”推进扶贫工作。

MU LU

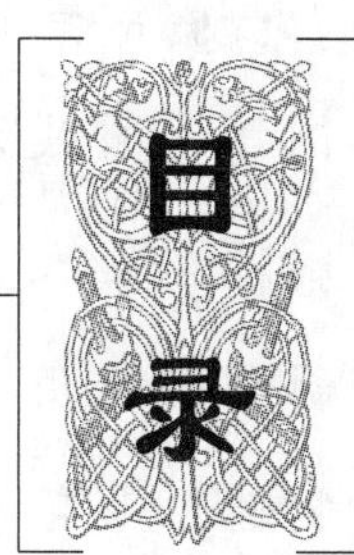

第一章　安徽就业与社会保障发展总报告

第一节　安徽就业、创业和劳动关系现状、问题与对策

一、安徽就业、创业和劳动关系的现状

（一）安徽城乡人口

1. 安徽人口规模逐年扩大

2012—2018 年，安徽省户籍人口呈增加的态势，2016 年较上年增加的数额较大，达到了 78 万人。常住人口占户籍总人口的比重呈小幅波动，2016 年以后呈上升的趋势。2012—2016 年，流向外省半年以上的人口保持在 1000 万以上；2017 年，流向省外半年以上的人口下降的幅度较大，比上年减少了 242 万人，占户籍人口的比重也从上年的 14.97％下降到 11.48％。这与安徽省近年来的经济发展状况较好有很大的关系，一部分流向省外的劳动力回到了本省就业。2012—2018 年安徽省人口规模变化情况见表 1－1 所列。

表 1－1　2012—2018 年安徽省人口规模变化情况

年　份	户籍人口（万人）	户籍人口增加额（万人）	常住人口（万人）	常住人口占户籍人口的比重（％）	流向省外半年以上的人口（万人）	流向省外半年以上的人口占户籍人口比重（％）
2012	6902	—	5988	86.76	1157	16.76
2013	6929	27	6030	87.03	1130	16.31
2014	6936	7	6083	87.70	1053	15.18
2015	6949	13	6144	88.42	1045	15.04

（续表）

年 份	户籍人口（万人）	户籍人口增加额（万人）	常住人口（万人）	常住人口占户籍人口的比重（%）	流向省外半年以上的人口（万人）	流向省外半年以上的人口占户籍人口比重（%）
2016	7027	78	6196	88.17	1052	14.97
2017	7059	32	6255	88.61	810	11.48
2018	7083	24	6324	89.28	—	—

资料来源：安徽省统计局，《安徽统计年鉴 2018》以及《安徽省 2018 年国民经济和社会发展统计公报》。

2. 安徽城镇化水平逐年提高

2018 年，安徽省户籍人口城镇化率达到 32.65%，比上年提高了 1.59 个百分点；常住人口城镇化率为 54.69%，提高了 1.2 个百分点。2012 年以来，安徽省的城镇化率逐年提高，由 2012 年的 46.50%上升到 2018 年的 54.69%；非农业人口占户籍人口的比重总体呈上升的趋势，从 2012 年的 22.89%上升到 2018 年的 32.65%，提高了近十个百分点，详见表 1-2 所列。

表 1-2 2012—2018 年安徽省人口城镇化水平

年 份	城镇人口占常住人口比重（%）	非农业人口占户籍人口比重（%）
2012	46.50	22.89
2013	47.86	22.92
2014	49.15	22.69
2015	50.50	27.58
2016	51.99	29.52
2017	53.49	31.07
2018	54.69	32.65

资料来源：安徽省统计局，《安徽统计年鉴 2018》以及《安徽省 2018 年国民经济和社会发展统计公报》。

（二）安徽城乡就业情况

1. 就业总体情况

安徽省的就业形势一直呈现较好的态势。2018 年，城镇新增就业 70.5 万人，完成年度目标任务的 111.9%；失业人员再就业 21.1 万人；困难人员再就业 5.7 万人。2012 年以来，安徽省的就业率一直保持在 98.6%以上，就业率变动最大的年份是 2015 年，较上年增加了 0.27%；变动最小的是 2014 年，较上年下降了 0.05%，没有出现大的波动。2017 年的就业率创历史新高，达到了 99.08%。2012—2018 年安徽省就业情况见表 1-3 所列。

表 1-3　2012—2018 年安徽省就业情况

年　份	经济活动人口（万人）	从业人员（万人）	就业率（%）	就业率变动情况
2012	4254.3	4206.8	98.88	—
2013	4327.0	4275.9	98.82	－0.06
2014	4364.5	4311.0	98.77	－0.05
2015	4384.0	4342.1	99.04	0.27
2016	4409.7	4361.6	98.91	－0.13
2017	4418.6	4377.9	99.08	0.17
2018	—	4385.3	—	—

资料来源：安徽省统计局，《安徽统计年鉴 2014》《安徽统计年鉴 2015》《安徽统计年鉴 2016》《安徽统计年鉴 2017》《安徽统计年鉴 2018》以及《安徽省 2018 年国民经济和社会发展统计公报》。

2018 年末，全省从业人员 4385.3 万人，比上年增加 7.4 万人。其中，第一产业 1353.6 万人，减少 9.7 万人；第二产业 1263.3 万人，增加 3.8 万人；第三产业 1768.4 万人，增加 13.3 万人。城乡私营企业从业人员和个体劳动者 1410 万人，增加 177.3 万人。全年城镇实名制新增就业 70.5 万人，下岗失业人员再就业 21.15 万人。年末城镇登记失业率 2.83%，比上年下降 0.05 个百分点。

2. 安徽省城乡从业人员分布情况

自 2012 年以来，安徽省城镇从业人员占全部从业人员的比重逐年上升，从 2012 年的 27.12%上升到 2017 年的 31.49%；同期乡村从业人员占全部从业人员的比重从 72.88%下降到 68.51%。2012—2017 年安徽省从业人员按城乡划分的人口和比重见表 1-4 所列。

表1-4 2012—2017年安徽省从业人员按城乡划分的人口和比重

年份	从业人员（万人）	城镇从业人员		乡村从业人员	
		从业人员数（万人）	占全部从业人员比例（%）	从业人员数（万人）	占全部从业人员比例（%）
2012	4206.8	1141.0	27.12	3065.8	72.88
2013	4275.9	1226.2	28.68	3049.7	71.32
2014	4311.0	1277.4	29.63	3033.6	70.37
2015	4342.1	1292.1	29.76	3050.0	70.24
2016	4361.6	1327.5	30.44	3034.1	69.56
2017	4377.9	1378.5	31.49	2999.4	68.51

资料来源：安徽省统计局，《安徽统计年鉴2013》《安徽统计年鉴2014》《安徽统计年鉴2015》《安徽统计年鉴2016》《安徽统计年鉴2017》《安徽统计年鉴2018》。

3. 高校毕业生就业情况

2018年，安徽省共有高校毕业生35.3万人，其中，高职专科毕业生18.2万人，本科毕业生15.5万人，研究生1.6万人；女生18.2万人，男生17.1万人。2018年，安徽普通高等院校女生初次就业率略高于男生，除此之外，高职院校专科生初次就业率为90.84%。研究生初次就业率中，工学、经济学和医学三个学科门类，占据榜单前三名，分别为89.5%、88.4%以及87.7%。在本科生各学科毕业生初次就业率中，农学的就业率高达92.89%，其次为哲学的91.89%、工学的91.63%。2018年，在安徽省内就业的高校毕业生达到就业总数的67.4%；前往省外就业的毕业生仅占32.6%。2018年安徽省高校毕业生，有830人选择自主创业，占毕业生总数的0.23%。

（三）安徽省创业情况

2018年10月12日，安徽省人民政府办公厅发布《“创业江淮”行动计划（2018—2020年）》，重点提升八大工程，具体措施如下：

1. 提升创客逐梦工程，推进创新创意成果转化

优化众创空间布局，引导众创空间向专业化、精细化方向升级，促进众创空间科学化、多元化发展。推进重点产业领域众创空间建设

发展，促进龙头骨干企业围绕主营业务方向建设众创空间，鼓励科研院所、高校围绕优势专业领域建设众创空间，打造一批乡村版众创空间。推进皖南皖西乡村旅游创客示范基地建设，打造一批国家级创新平台和“双创”基地。加强国际合作，建成一批低成本、全要素、便捷化、环境优、品牌好的众创空间。加快建设一批初创企业和服务机构集聚度高、活跃度高、协同性强、辐射力强的创新创业示范基地。

2. 提升创业领航工程，提高创业者创业能力

深化高校创新创业教育改革，将创新创业教育贯穿人才培养全过程，在培养方案、课程体系、教学方法和管理制度等方面将改革持续向纵深推进，促进专业教育与创新创业教育的有机融合。强化创新创业实践，着力培养学生的创新精神和创业能力。扩大对象范围，突出培训重点，创新培训模式，规范培训机构发展，提高教学管理水平，提升劳动者的创业能力和素质。打造安徽“阶梯式创业培训”品牌，针对创业的不同群体、不同阶段、不同领域，开展更具针对性的创业培训，给予每人100～1300元的培训补贴。强化创业培训师资队伍建设，招募成功创业者、天使投资人、知名专家学者组建省级创业服务专家团、导师团，为创业者提供多层次、多形式的辅导。加强创业人才培养，建设一批创业示范大学、创业示范学院，探索建立创业智库或创业研究院，支持社会力量参与创业教育培训，打造全链条创业人才培养载体。

3. 提升创业筑巢工程，解决创业主体场地问题

实施国家“双创”示范基地三年行动计划，建设一批高水平的创业创新示范基地。在经济技术开发区、产业集聚区、现代农业示范区等园区，建设省级农民工返乡创业示范园150个，给予每个园区120万元资金补助。支持建设安徽青年创业园，重点扶持高校毕业生、留学归国人员等青年群体创办工业设计、电子商务、人力资源、动漫设计、新技术新产业新模式等服务业企业，给予每个园区80万元～1200万元资金补助。推进小微企业创业创新示范基地建设，对被评为国家级、省级小微企业创业创新示范基地的，分别给予一次性奖补100万元、50万元。推动老旧商业设施、仓储设施、闲置楼宇、过剩商业地产转为创业孵化基地。发挥孵化基地资源集聚和辐射引领作用，细化

各类孵化基地补贴、奖补等政策，为创业者提供指导服务和政策扶持。发挥行业领军企业、创业投资机构、社会组织等主力军作用，整合、提升、完善一批公共创业孵化基地，鼓励社会各界整合资源发展各类创业平台。

4. 打造融资畅通工程，提高创业者贷款可获得性

扩大贷款对象范围，降低贷款申请条件，放宽贷款和贴息要求，优化申请办理程序，打造创业担保贷款升级版。对还款积极、带动就业能力强、创业项目好的借款个人和小微企业，可提供累计不得超过3次的创业担保贷款贴息。稳妥开展“社保贷”试点，对符合条件的小微企业，由创业贷款担保基金提供担保，银行可根据企业参保缴费的信用情况，提供不超过200万元、最长不超过2年的信用贷款。鼓励各地结合实际，适当放宽创业担保贷款借款人条件，相关创业担保贷款由各市财政部门自行决定贴息标准和条件。加大风险防控，推行信贷尽职免责制度。引导金融机构开展应收账款、动产、供应链融资等创新业务，提供科技融资担保、知识产权质押、股权质押等方式的金融服务，拓宽创业投融资渠道。拓展省股权托管交易中心市场功能，推动青年创业企业集中挂牌，为创业企业提供登记、展示、股权转让、融资对接等综合金融服务。

5. 提升青年创业工程，扶持高校毕业生等青年创业

以高校毕业生为重点，以高校毕业生就业创业促进计划为载体，完善支持高校毕业生等青年群体的创业政策措施，进一步扩大高校毕业生创业规模。普及创业教育，加强创业培训，实现在校大学生创业教育全覆盖，确保每一个有创业愿望和培训需求的大学生都有机会获得创业培训。鼓励高校设立创业扶持资金，为高校毕业生等青年群体提供多渠道的资金支持。优化整合现有资源，研究设立高校毕业生创业基金，为高校毕业生创业提供股权投资等融资服务。引导大学生在战略性新兴产业、先进制造业、现代服务业、新技术新产业新模式等领域自主创业，提升创业层次和质量。支持大学生返乡创业，鼓励创建一批大学生返乡创业示范基地。培育符合高校毕业生创业特点和产业发展方向的“互联网＋”和现代服务业等高成长性项目，打造一批

高校毕业生创业精品项目，给予一定的资金扶持或奖励，引领更多的高校毕业生投身创业创新活动。加强青年创业典型选树，开展“安徽青年创业奖”评选。

6. 提升高端人才创业工程，鼓励精英人士创业创新

支持科技人才团队创新创业，每年审核选择一批携带具有自主知识产权的科技成果，在省内创办公司或与省内企业共同设立公司。开展科技成果转化活动的科技团队，在市（县）先行投入支持的基础上，省以债权投入或股权投资等方式，分别给予1000万元、600万元、300万元支持。鼓励事业单位专业技术人员离岗创业，3年内保留其人事关系，离岗创业期间，与原单位其他在岗人员同等享有参加职称评聘、岗位等级晋升和社会保险等方面的权利，要求返回原单位的，按离岗时原聘专业技术岗位职务安排工作。加大对留学人员来我省创新创业的扶持力度，每年遴选一批优秀项目和创业企业给予资金支持。支持省级留学人员创业园建设，对新建省级留学人员创业园给予200万元资助，对3年内达到一定标准创业成功的留学归国人员最高给予50万元补助。支持创业投资企业及管理机构、科研院所、高等学校等建设一批博士后科研工作站，给予一定的资金补助。

7. 提升返乡农民工创业工程，服务乡村振兴战略

结合乡村振兴战略和区域发展战略，按照高质量发展要求，根据资源条件和产业优势，科学确定返乡农民工的创业发展方向，提高创业质量和效益。鼓励引导外出务工人员返乡创业就业，支持农民工返乡创业试点（示范）县建设，对获得认定的国家级农民工返乡创业试点（示范）县，根据绩效对其重点就业创业项目给予补助，每个县（市）最多补助200万元，并积极争取国家政策性金融支持。开展“接您回家”活动，引导在外省的农民工、企业家等返乡就业创业，可在创业地享受与当地劳动者同等的创业扶持政策。鼓励和引导返乡农民工按照法律法规和政策规定，通过承包、租赁、入股、合作等多种形式，创办领办家庭农场林场、农民专业合作社、农业企业、农业社会化服务组织等新型农业经营主体，引导返乡农民工在农林产品加工、休闲观光农业、农业生产性服务业、振兴传统工艺等领域创业。

8. 提升退役军人创业工程，扶持退役军人创业

坚持退役军人就业创业政策优先的原则，在享受普惠性就业创业扶持政策和公共服务的基础上，支持各地结合实际再给予特殊优惠优待。鼓励天使基金、风险投资和创业投资基金等社会资本以多种方式支持退役士兵创业，鼓励社会资本设立退役军人创业基金，拓宽多元化资金支持渠道。把退役士兵作为创业培训重点对象，开展线上线下创业培训，开设远程公益培训课程。支持有条件的地方建设创业示范大学退役士兵分院，为退役军人提供优质创业教育培训。通过搭建公共服务平台、孵化器、众创空间等，有针对性地解决缺场地、缺资金、缺技术等问题，为退役军人创业创造条件。

（四）安徽劳动关系情况

笔者对安徽省 89 家企业和 230 名制造企业员工发放了调查问卷，企业问卷回收了 78 份，员工问卷回收了 196 份。从对问卷进行统计的结果来看，51.28％的企业设立了职工代表大会制度，41.03％的企业设立了厂务公开制度，35.9％的企业设立了员工建议箱，23.08％的企业设立了集体协商制度。从企业到劳动人事争议仲裁院仲裁案件情况来看，没有到仲裁院仲裁的占 80.77％，1 次仲裁的占 6.41％，2 次仲裁的占 8.97％，3 次仲裁的占 3.85％，4 次及以上的没有。从企业设立了劳动争议调解委员会的情况来看，51.28％的企业设立了劳动争议调解委员会，25.64％的企业未设立，23.08％的企业 HR 不清楚该制度。

二、安徽就业、创业和劳动关系存在的问题

（一）城镇从业人口占总从业总人口的比重仍然较低

多年来，我省的城镇化水平一直低于全国平均水平，2018 年，全国常住人口城镇化率是 59.58％，安徽省是 54.69％。由于相当大的一部分人口居住在农村，县域经济发展又落后，使得我省城镇就业的比例一直低于全国平均水平。2017 年末，全国城镇就业人员占总就业人口的比例为 54.69％，安徽省仅为 31.49％，低于全国平均水平 23.2 个百分点。这种状况容易造成农村的隐性失业。

（二）政府发布的高校毕业生就业率不能反映真实的就业情况

政府发布的高校毕业生就业数据显示，2018 年我省本科生各学科初次就业率中，农学的就业率最高，达到 92.89%，其次为哲学的 91.89%、工学的 91.63%。这几个学科在每年的高考录取中分数并不算高，特别是农学和哲学专业的录取分数在同档次学校中处于较低的水平，是大部分学生和家长不愿意填报的专业，学校要靠调剂才能完成招生任务。如果农学和哲学专业的就业率那么高，为什么很少有学生和家长愿意填报呢？说明这个就业率是不真实的。实际上有些毕业生是“被就业”的，没有真正就业。

（三）企业民主管理和劳动争议及协商制度不健全

在被调查的企业中，近一半的企业没有职工代表大会制度，近七成的企业没有集体协商制度，近三成的企业没有工会，还有近一半的企业没有设立劳动争议调解委员会，这说明企业的民主管理很不到位，很多劳动争议发生之后，企业自身无法协调，只能到劳动仲裁委员会进行劳动争议仲裁。

三、安徽就业、创业和劳动关系的对策

（一）加快城镇化建设的步伐

由于我省的城镇化水平低，城市中的外来务工人员无法享受和城市户籍人口同样的福利。虽然我国目前实行居住证制度，农民工在就业所在地可以享受包括义务教育在内的公共服务，但是因为没有户籍，跨省流动的农民工子女无法在当地上高中和考大学，致使一部分农民工为了留在外省务工而放弃了子女接受更高教育的机会。因此，农民工只有成为市民，才能享受和城镇户口居民同样的福利待遇。

（二）杜绝虚假的信息发布，通过就业率引导高校招生

各个学校担心公布的低就业率会影响学校的招生，可能会通过各种办法人为地提高就业率，因此为了更好地将就业和招生联系起来，政府应要求各学校提供真实的就业率数据，避免虚假的信息发布误导高校招生。

（三）完善劳动人事争议调解制度

为了改善劳动关系和处理劳动争议，对于规模以上的企业应建立

职工代表大会和工会，对于小型企业鼓励引导企业劳动者建立以地区为单位的行业工会，推行行业性的集体协商及集体合同制度并定期举行集体谈判。同时，工会要代表职工的利益，目前我国工会人员的组成是行政主导而非职工选举，在发生劳资纠纷时，工会人员不一定代表职工的利益，因此工会在实际工作中应当以维护劳动者利益为主，当职工的利益受到侵害时，应当明确地站在职工的一方。

第二节　安徽社会保障事业发展的现状、问题及对策

一、安徽社会保障事业发展的现状

（一）养老保险实施情况

1. 职工养老保险参保人数有一定的增加，待遇提高了

2017 年末，安徽省城镇职工养老保险参保人数为 1076.86 万人，其中在职人员 754.11 万人，离退休、退职人员 322.86 万人。全年基金收入 1020.23 亿元，基金支出 811.57 亿元，当期结余 208.66 亿元，累计结余 1393.9 亿元。2018 年底，全省职工养老保险参保人 1141.5 万人，较上年末增加 64.64 万人，增长率为 6%。2018 年，我省调整了退休人员养老金待遇，每人每月定额上调 40 元，上调幅度是 5%。

2. 城乡居民养老保险参保人数较上一年有一定幅度的增加

2017 年底，全省城乡居民基本养老保险参保总人数达 3429.46 万人，其中领取待遇人数 915 万人，基金收入 150.2 亿元，基金支出 96.5 亿元，基金累计结余 321.7 亿元。2018 年末，全省参加城乡居民养老保险的人数是 3487.76 万人，较上年末增加了 58.3 万人。自 2018 年 1 月 1 日起，我省城乡居民基础养老金调整为每月 87 元。

（二）城乡基本医疗保险参保情况

1. 城镇职工基本医疗保险

2017 年末，参加城镇职工基本医疗保险的人数是 809.2 万人，其中退休人员 237.7 万人；基金收入 260.16 亿元，基金支出 203.57 亿

元，基金累计结余 323.88 亿元，与上年同期相比，增加 56.6 亿元，增幅达到 21.18%。

2. 城镇居民基本医疗保险

2017 年末，安徽省城镇居民基本医疗保险参保人数总计 1298.86 万人，与上年同期相比，参保人数增加了 459.29 万人，提高了 54.7 个百分点，基金收入 80.25 亿元，基金支出 66.45 亿元，基金当年结余 13.8 亿元，基金累计结余 79.45 亿元。2018 年，安徽省将城镇居民医保财政补助标准由 2017 年的每人 450 元提高到 490 元。

3. 新型农村合作医疗

2017 年末，安徽省新型农村合作医疗（以下简称“新农合”）参保人数总计 4653.7 万人，与上年同期相比参保人数减少了 467.3 万人，参合率达到了 103.07%。2017 年，安徽省“新农合”基金共筹资 290.77 亿元，基金支出总额达到 274.68 亿元，住院补偿比为 64.8%，较上年提高了 3%。2018 年，安徽省“新农合”的参合率达到 104%，我省将“新农合”医疗财政补助标准由 2017 年的每人 450 元提高到 490 元。

4. 城乡居民大病保险筹资情况

（1）城镇居民大病保险筹资。为了减轻发生大病家庭的医疗支出负担，2018 年，安徽省继续完善城镇居民大病保险制度，城镇居民基本医疗保险参保人员全部纳入大病保险的保障范围。2018 年大病保险筹资标准在 2017 年的基础上提高 20 元，达到人均筹资 50 元左右。

（2）“新农合”大病保险筹资。在“新农合”大病保险全省覆盖的基础上，2018 年，安徽省进一步巩固并完善“新农合”大病保险制度，逐步提高统筹层次，逐步提高筹资水平和保障水平，大病保险人均筹资达到全省平均 35 元左右。

（三）失业保险参保情况

2017 年末，全省参加失业保险人数 472.41 万人，较上年增加 23.91 万人，领取失业保险金人数 15.92 万人，基金收入 25.15 亿元，基金支出 23.18 亿元，当期结余 1.97 亿元，累计结余 116.2 亿元。2018 年，参加失业保险人数为 505.53 万人，全年为 14.9 万名失业人员发放了不同期限的失业保险金。

（四）工伤保险和生育保险参保情况

1. 工伤保险

2017 年末，全省参加工伤保险的人数为 565.5 万人，较上年增加 20.91 万人，增长率为 3.8%，享受待遇 8.47 万人。基金收入 24.47 亿元，较上年增加 3.78 亿元；基金支出 17.59 亿元，较上年增加 1.19 亿元；基金累计结余 48.66 亿元，较上年增加 6.89 亿元。2018 年，全省参加工伤保险人数为 601.82 万人，较上年增加 36.32 万人，增长率是 6.42%。

2. 生育保险

2017 年末，全省生育保险参保人数为 554.12 万人，较上年增加了 36.52 万人，其中女性参保人数 217.95 万人；基金收入 11.6 亿元，基金支出 13.08 亿元，累计结余 12.56 亿元。2018 年，全省参加生育保险人数为 586.3 万人，较上年同期增加了 32.18 万人，同比增长 5.81%。

（五）异地就医开展情况

安徽省于 2017 年完成了 17 个统筹地区全面接入国家跨省异地就医结算信息系统的工作。2018 年，安徽省共设立 249 家异地就医定点医疗机构，覆盖全省所有三级医院和县人民医院、中医院，支持省内和跨省异地就医住院费用直接结算。截至 2018 年 6 月，安徽省共设立 249 家异地就医定点医疗机构，异地就医直接结算 79490 人次，其中，省内异地就医直接结算 52455 人次，跨省异地就医直接结算 27035 人次。异地就医直接结算政策不仅解决了异地安置人口的异地就医费用报销问题，还提高了优质医疗资源和服务的可及性，有利于提高整个社会的福利水平。

二、安徽社会保障发展中存在的问题

（一）城乡居民养老保险无法满足养老的基本需求，财政支出的压力较大

我国是根据“低水平、广覆盖、有弹性、可持续”的原则建立起

来的城乡居民养老保险。虽然城乡居民养老保险的覆盖率较高，但保障水平较低。目前参加城乡居民养老保险的人群，一般选择的缴费档次较低，个人账户的养老金非常有限。由于个人账户养老基金数额较少，基础养老金每月不到一百块钱，参加城乡居民养老保险的居民每月领取的养老金无法满足其养老的基本需求。目前，城乡居民养老保险基金的筹资来源的70%左右由财政承担，所以财政承受的补贴支出压力较大。

（二）企业年金参与率太低，不能发挥第二根支柱的作用

2017年，安徽省建立企业年金计划的企业户数只有1118家，参加人数仅占养老保险参保职工人数的6.5%。因此与基本养老保险相比，企业年金参与率过低，必然使其在整个养老保障架构中无足轻重，同时企业年金在行业和地区之间分布严重不均，企业年金3/4的缴费额来自国有企业，民营企业占比很小，多年来参与的企业户数、职工人数及基金规模均未发生根本变化。从行业分布来看，参加企业年金的行业多集中在能源、电力、金融等垄断型或营利性较好的企业。这样会使得企业年金对提高广大退休人员养老水平的作用较小，难以发挥普遍意义上的第二根保障支柱的作用。

（三）失业保险的参保率太低

如果参加职工医保的在职人员都参加失业保险，那么2017年就应该有809.2万人参加失业保险，但2017年全省参加失业保险人数只有472.41万人，还有336.79万人没有参加失业保险，失业保险的参保率只有58.38%。如果按照参加职工养老保险的人数来计算失业保险的参保率，那么我省失业保险的参保率更低。

（四）异地就医结算备案程序烦琐

异地就医的第一步程序就是在参保地的医保经办机构进行备案。备案提交的资料包括需要就医地提供相关证明和盖章等资料，除了要就医地定点医疗机构的签字盖章外，还需要就医地的基层社区组织和经办机构提供盖章资料。调查中发现很多受访者因为备案的程序烦琐，放弃了异地就医的机会。尤其对于广大农民工来说，回乡办理备案的机会成本较高，复杂的备案程序阻碍了异地就医工作的推进。另外异

地就医的医疗机构需要事先选择，这样经办机构才能将患者的医疗信息备案到所选择的医疗机构的系统中，这种方式限制了民众就医的选择。

三、安徽社会保障事业发展的对策

（一）引导居民多缴费，真正实现城乡居民养老保险的养老作用

大部分城乡居民养老保险参保人的缴费档次低，在他们年老以后领取的养老金无法满足其养老的需求，因此需要采取措施鼓励城乡居民选择较高的缴费档次、持续缴费，即多缴费、长缴费，只有居民缴费档次和年限提高了，在年老之后领取的养老金才能满足基本的生活需求。

（二）建立差别化企业年金个税政策，鼓励更多的企业建立企业年金

要使企业年金在人口老龄化过程中真正发挥其补充养老的作用，减轻政府养老的压力，必须采取有力措施提高我国企业年金的参与率。为此应将企业年金个税优惠政策由目前实行的 EET 模式调整为“TEE＋EEE”模式，即按一定的工资收入标准将劳动者划分为较高收入和一般收入两个群体，对于较高收入的企业年金参与者实行 TEE 税优模式，而对一般收入的参与者则适用 EEE 模式，同时取消优惠幅度范围的限制。这种差别化政策激励广大一般收入人群的参与，推动我国企业年金的发展，而且能够有效解决一直以来因企业年金覆盖面窄所产生的税收优惠不公平问题。同时，对高收入参与者实行 TEE 征税模式也有利于增加当期财政收入。

（三）提高失业保险的参保率

我省失业保险的参保率低的原因是政府对失业保险参保没有硬性的要求，因此政府应出台政策，要求参加职工养老保险和医疗保险的职工应参加失业保险，并通过政策鼓励企业和个人参加失业保险。

（四）简化异地就医备案手续

简化异地就医备案的手续，首先要适当减少需要提交的备案材料，删减不必要的流程，为患者节约时间成本，提高备案效率。尤其是农民工群体，会因为高昂的机会成本和自身教育水平的限制，而不得不

放弃异地就医备案的机会。其次，取消异地就医备案时需要选择异地就医的医疗机构的限制。这种方式限制了患者对异地医疗机构的选择范围，应该直接将患者的信息备案到异地的医疗系统而不是异地指定医院的医疗系统。最后，异地就医备案程序的简化还可以借助“互联网＋”手段，如居民可通过手机 APP 或者微信小程序等渠道，网上注册个人信息，提交相关证明。社区要发挥基层优势，对该社区提交的信息进行线下审核。这样无纸化的、快速简单的备案方式不但能够节省备案时间，而且为长期异地居住或工作的流动人口提供了便利，能够吸引更多真正对异地就医有需求的居民参与其中，有利于异地就医直接结算政策的推广和普及。

第三节　安徽扶贫事业发展的现状、问题及对策

一、安徽扶贫事业发展的现状

2017 年，安徽省实现 95.5 万贫困人口脱贫，1134 个贫困村出列，申请退出的 4 个贫困县贫困发生率均降至 1.5％以下，20 个国家级贫困县的农村居民可支配收入达到 12758 元。2018 年底，安徽省仍有贫困人口 122.63 万人，已脱贫人口数 346 万人；贫困村数量 796 个，出列贫困村数量 2204 个，摘帽贫困县 1 个。

产业扶贫成效。2018 年，安徽省产业扶贫项目覆盖率已经超过 98％，全省共有 2700 多个贫困村全都发展起符合各自村特色的相关产业，将近 54 万户贫困户投入种植养殖产业中。

异地搬迁扶贫成效。2018 年，国家发展和改革委员会给安徽省下达的搬迁任务为 19879 人，19 个县（市、区）实际建设安置住房数量为 6093 套，人均住房面积为 24.6 平方米，截至目前已经完成的投资额为 9.24 亿元。目前，安徽省 290 个易地扶贫搬迁项目集中安置点主体工程已经完全竣工，截至 2018 年 9 月底，全省易地搬迁入住率已经达到 76.7％。

二、安徽扶贫事业发展存在的问题

（一）农村争当贫困户的现象普遍存在

以前在农村，如果哪家是贫困户，别人都看不起，但是现在不同了，被认定为贫困户口后可以享受政府很多的扶贫政策和福利，如，小孩上学有补助，种植种地有补助，健康脱贫政策医疗补助比例高，“新农合”参保缴费都是由政府兜底来缴纳，自己不用交钱等政策福利。因此，农民争当贫困户的现象较为严重。

（二）贫困人口自身发展动力不足

贫困户学历普遍较低，多为文盲及小学文化程度，“五保户”、单身户及老龄户所占比例较高。一些贫困户缺乏脱贫的动力，即使国家有很多扶贫的优惠政策和补贴，他们也难以利用它摆脱贫困。现有的健康扶贫、社保兜底、小额信贷入股分红以及教育补助等扶贫政策解决了部分弱势群体的后顾之忧。与此同时，在某种程度上也加剧了少数贫困户对扶贫政策的福利依赖，“等、靠、要”的不良思想致使他们参与扶贫项目的意识淡薄。

三、安徽扶贫事业发展对策

（一）对不同原因导致的贫困区别对待

扶贫措施不能使所有的贫困户脱贫，有些贫困人口是自愿成为贫困户的。对于那些因为懒惰而导致的贫困，政府就不应该给他们优惠政策，甚至低保都不应该给。如果不是因为懒惰导致的贫困还要区别不同的情况，采取不同的扶贫措施。不能简单地把各种扶贫资金当成福利发给贫困户。

（二）明确建档立卡贫困户按户帮扶与农村低保户保人相结合的区别

对建档立卡贫困户采取整户识别、按户帮扶的措施，农村最低生活保障则是按户施保为主、按人施保为辅。对家庭成员人均收入低于当地低保标准，且家庭财产状况符合规定条件的，通过审核审批程序，严格按户纳入低保。对生活困难、单独立户（靠家庭供养无法单独立户，可按照单人户）的成年无业重度残疾人，可按人纳入低保。对因家庭主要劳动力患重特大疾病的支出型贫困居民，应按户纳入低保，其他家庭成员患重特大疾病的可按人纳入低保。各地要进一步细化成年无业重度残疾人、因病支出型贫困居民获得低保的范围、条件、程序，确保公平公正。

（三）激发贫困户脱贫增收的内生动力

注意调动有劳动能力和劳动条件的低保对象的积极性、主动性，注重培育其发展生产和务工就业的基本技能，努力提高其自我发展能力，防止低保“一兜了之”。要更好地发挥扶贫资金引导、激励作用，将扶贫资金向低保对象等困难群众参与度高、带动脱贫作用强的产业项目倾斜，增强脱贫的稳定性。要大力宣传脱贫的先进典型，用身边人、身边事教育和引导困难群众，激发其脱贫增收的内生动力。

第二章 安徽制造业劳动力流动和劳动关系发展报告

制造业是国家经济的命脉，是实体经济的主体，是供给侧结构性改革的主战场。安徽省全面贯彻落实党的十九大精神，坚持走新型工业化道路，打造现代制造的安徽“升级版”。目前，安徽工业制造业在《安徽省制造强省建设实施方案（2017—2021 年）》的指导下，发展呈现出规模跨越、速度领先、结构优化、质效提升、活力增强的良好态势，新兴工业大省的地位基本确立，正加速向工业强省迈进。在安徽省制造业高质量的发展过程中，劳动用工困难和劳动争议一直困扰着企业的发展，笔者同蚌埠高新技术产业开发区管理委员会合作，对辖区制造企业人力资源部门和企业一般职工进行问卷调查，反映制造企业劳动力流动、用工和劳动关系情况。对 89 家企业和 230 名制造企业员工发放了调查问卷，企业问卷回收了 78 份，员工问卷回收了 196 份。

第一节 安徽制造企业用工和劳动关系分析

一、调查企业基本情况

在所调查企业中，国有企业和股份有限公司分别占比 12.82%，私营企业占比 35.90%，有限责任公司占比 30.77%，外资企业（包括港澳台资企业）占比 5.13%，其他企业占比 2.56%。企业类型如图 2 - 1所示。

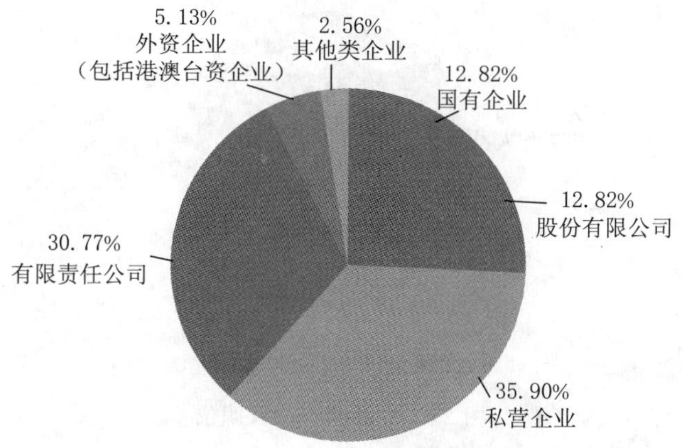

图 2-1　企业类型

所调查微型企业占比 26%，小型企业占比 36%，中型企业占比 28%，大型企业占比 10%。企业规模如图 2-2 所示。

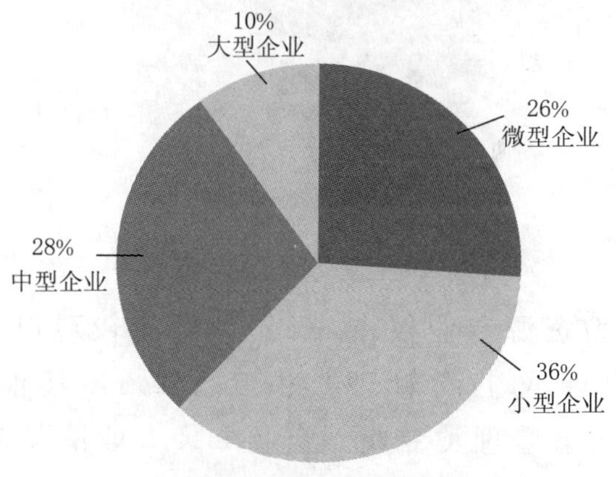

图 2-2　企业规模

二、制造企业人力资源人员情况

所调查企业 HR 部门，人力资源经理占比 41.03%，人力资源副经理占比 5.13%，人力资源分部门主管占比 20.51%，人力资源一般工作人员占比 33.33%。所调查 HR 职位如图 2-3 所示。

HR 中，高中学历占比 11.54%，中专学历占 3.85%，大专学历占比 39.74%，本科学历占比 43.59%，研究生及以上占比 1.28%。企业 HR 人员学历水平如图 2-4 所示。

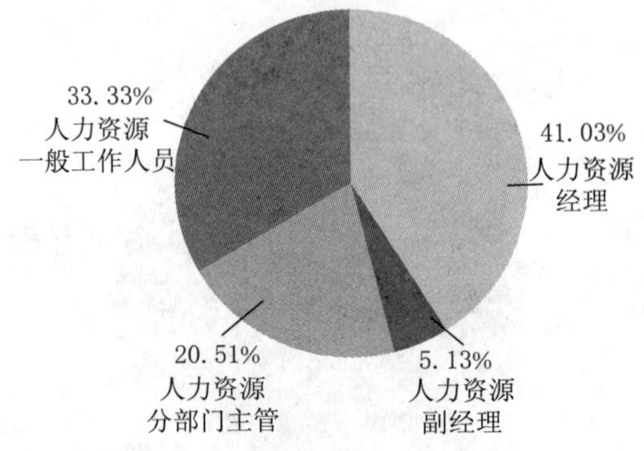

图 2-3 所调查 HR 职位

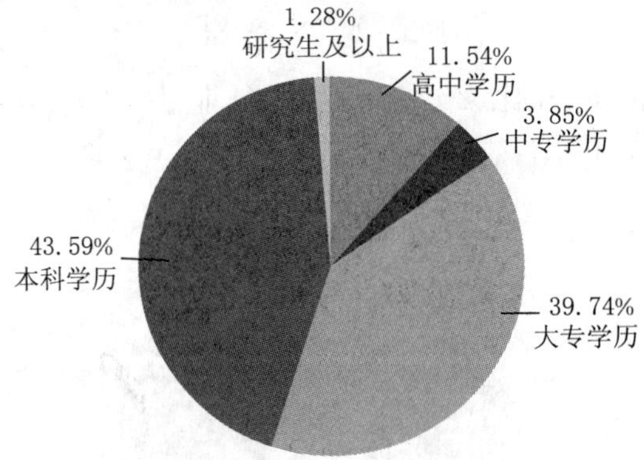

图 2-4 企业 HR 人员学历水平

企业 HR 人力资源专业仅占 30.77%，比较对口专业（劳动与社会保障、行政管理或工商管理）占 12.82%，其他管理类专业占 2.56%，剩下的为非管理类专业。企业 HR 专业情况如图 2-5 所示。

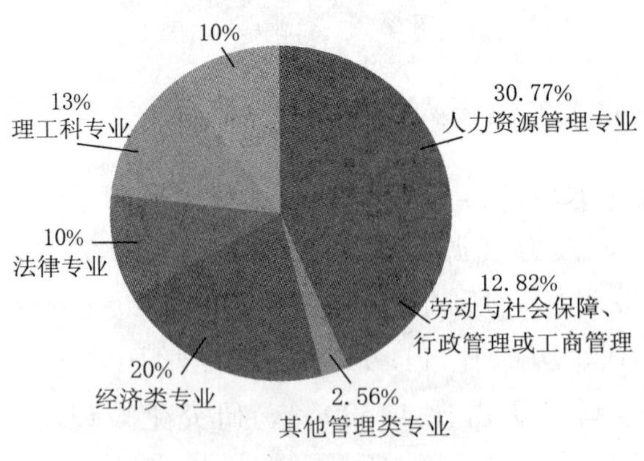

图 2-5 企业 HR 专业情况

企业 HR 人力资源从业时间 7 年及以上的占比 47.44%，5～6 年的占比 8.97%，3～4 年的占比 16.67%，1～2 年的占比 23.07%，不满 1 年的占比 3.85%。企业 HR 人员从业时间如图 2-6 所示。

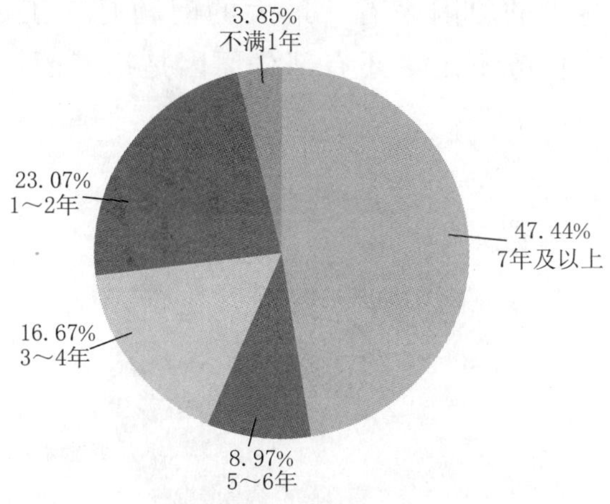

图 2-6 企业 HR 人员从业时间

三、制造企业用工情况

调查企业的平均离职率为 8.81%。最高离职率为 60%，为一个 70 人规模企业；最高离职人数是 200 人，为一家 800 人规模企业。30.77%的企业存在劳务派遣用工情况；有 20.51%的企业将 HR 部分劳务外包，其中招聘外包占 25.00%，培训外包占 68.75%，其他类型外包占 6.25%，如图 2-7 所示。

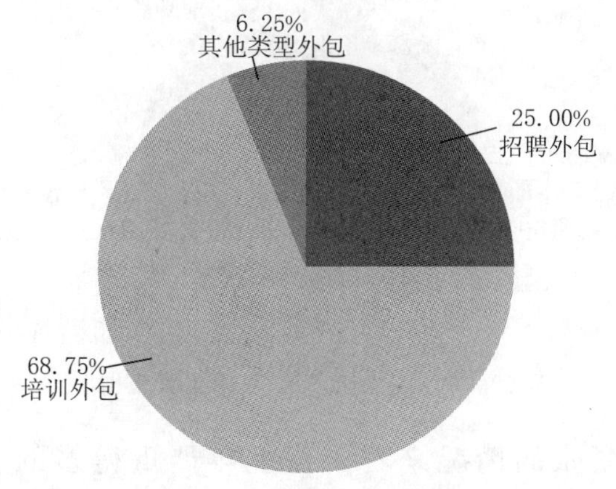

图 2-7 HR 劳务外包形式

从所调查企业近两年用工人员的变化情况来看，反映用工人员明显增加的占 15.38%，少量增加的占 32.05%，基本无变化的占 37.18%，少量减少的占 8.97%，明显减少的占 6.42%，如图 2-8 所示。从调查人员减少的原因来看，最大的问题是人工成本上升，其次是市场因素的生产任务不足，还有部分原因是招工困难。

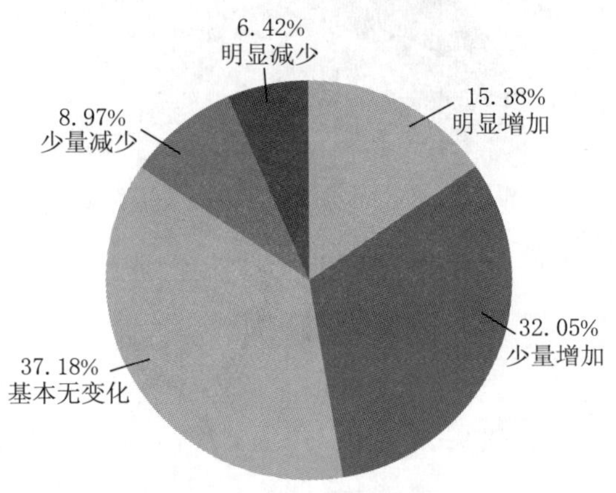

图 2-8 企业近 2 年用工人员变化情况

从企业用工紧的情况来看，反映用工非常紧张的占 15.38%，用工比较紧张的占 38.46%，供求基本平衡的占 43.59%，不清楚的占 2.57%，招工比较容易的及招工非常容易的占 0%，如图 2-9 所示。

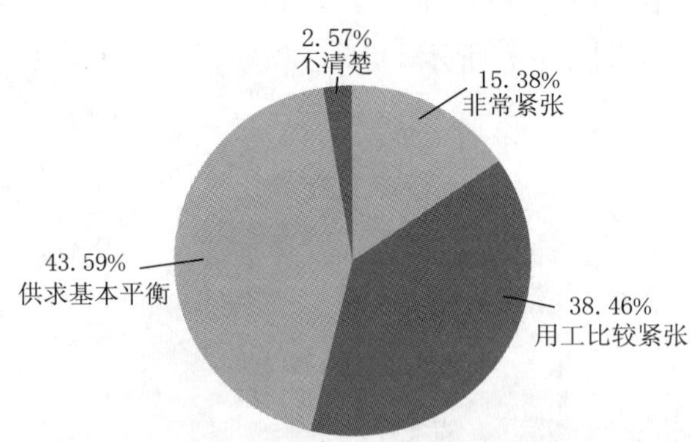

图 2-9 "本年度"企业用工紧张情况

从企业用工紧张的情况来看，比上年严重得多的企业占 16.67%，比上年严重一些的占 28.21%，基本一样的占 41.02%，比上年好一些的占 8.97%，比上年好多了的占 3.85%，不清楚的占 1.28%，如图 2 -10 所示。反映用工最为短缺的是技术工人和普通工人，分别占调查企业的 47.62%和 38.1%。

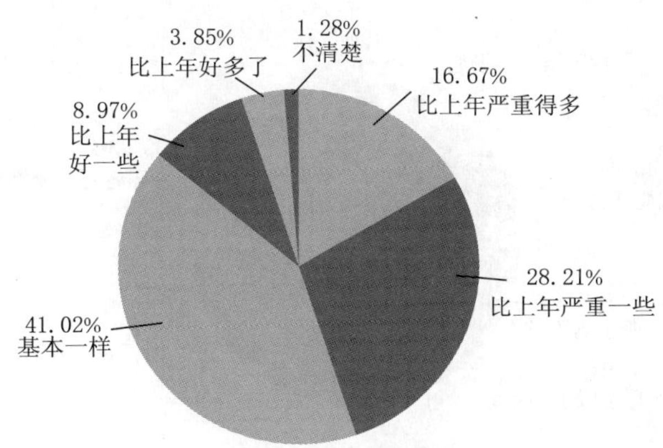

图 2 - 10　“本年度”企业用工紧张相比于上一年度情况

从用工紧张的原因来看，招工困难占 61.90%，近期临时增加订单占 33.33%，企业季节性用工占 23.81%，企业扩张占 28.57%，有 76.92%的企业反映不同程度上存在招工难问题，过年占 9.52%，如图 2 - 11 所示。

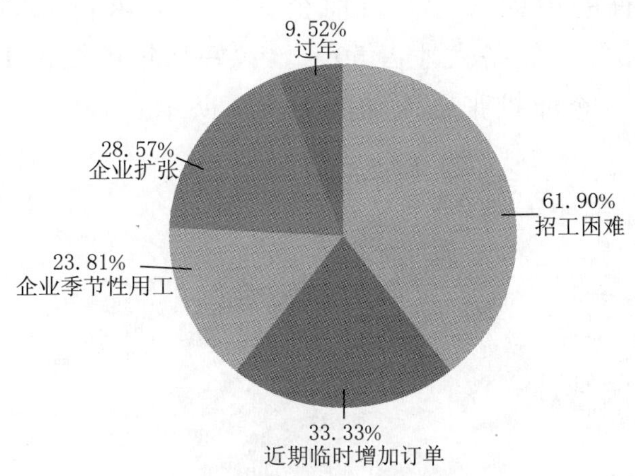

图 2 - 11　当前企业用工紧张原因[①]

① 本题是多选，所以加总百分比超过 100%，下文如出现类似情况亦为多选题。

有76.92%的企业反映不同程度上存在招工难问题。对于存在招工难的原因，求职者对薪酬期望过高和地区工资差异较大、当地工资缺乏吸引力是企业反映的主要原因，其次才是应聘人数少，如图2-12所示。

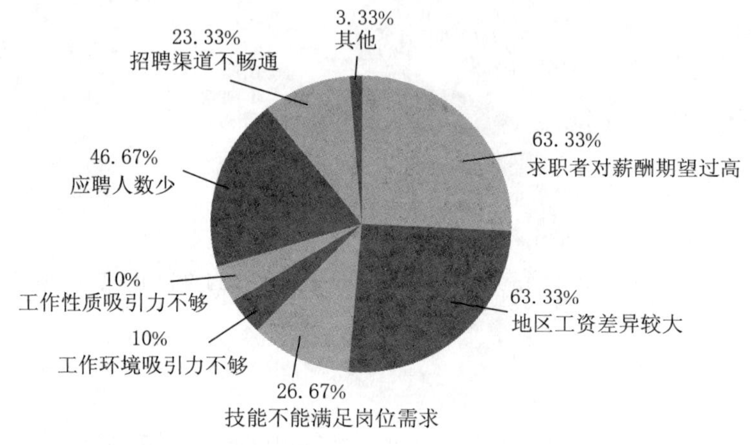

图2-12 企业招工难原因

从企业未来减员计划来看，17.95%的企业有该计划。从调查的原因来看，目前订单不足和产能过剩是首要原因，其次是技术进步、机器换人、人工成本上升。从企业未来扩张计划来看，61.54%的企业有该计划。从调查的原因来看，目前企业扩张需求占62.50%，企业订单增加占58.33%，储备人才占50%，看好来年市场占12.50%，其他因素占8.33%。企业扩张原因如图2-13所示。

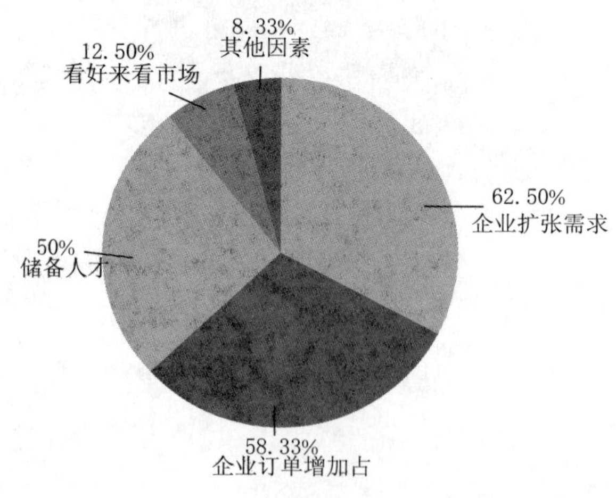

图2-13 企业扩张原因

与上年同期相比，企业用工成本有所上升。其中58.97%的企业反映用工成本部分增加，20.51%的企业反映用工成本提升很快，基本不变的占15.38%，部分降低的占5.14%，如图2-14所示。

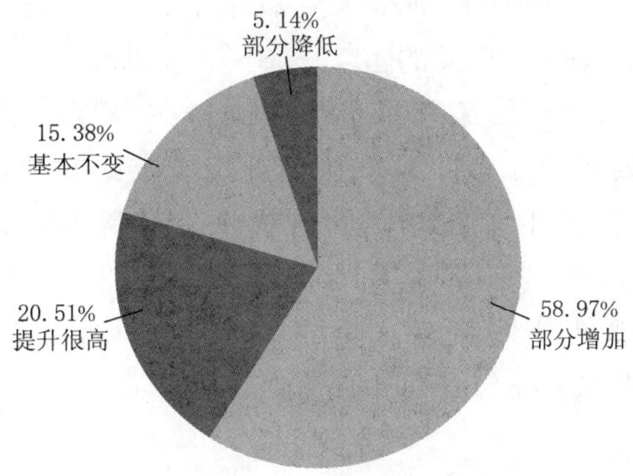

图2-14 企业用工成本变化

面对用工困难，企业最想获得的政策支持是提供求职信息、招聘平台等渠道和降低社会保险费率，其次是加强地方公共服务建设提升企业所在地的吸引力和稳定物价、降低生活成本，如图2-15所示。

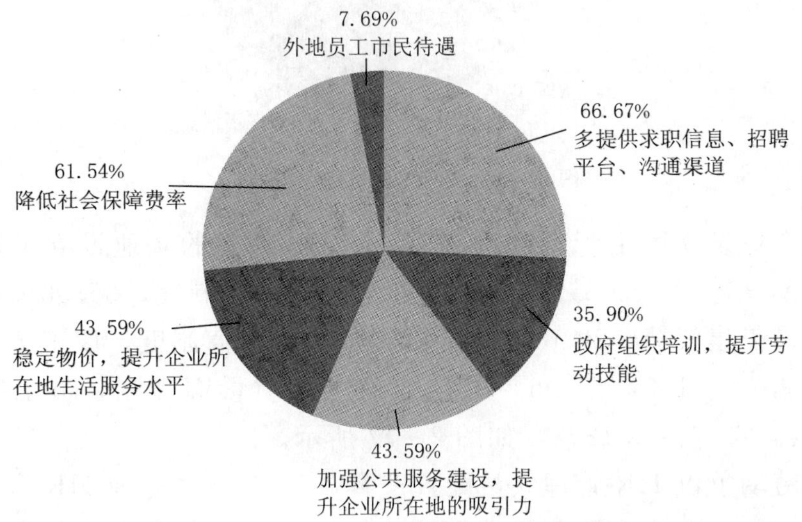

图2-15 企业希望政府在招工方面提供的支持

四、制造企业劳动关系情况

所调查企业均对新入职员工进行了培训，从培训时间看，1 周以内的培训占大部分，其中培训 1 天及以下的占 12.82%，培训 2～3 天的占 28.21%，培训 4～5 天的占 15.38%，培训 6～7 天的占 20.51%。

所调查企业 94.87%编写了员工守则，在编写员工守则的企业中，78.38%的企业要求员工就了解守则情况以签字或其他形式确认。编写员工守则的企业让员工了解守则的方式中，最常用的方式是分发纸制员工守则，占 43.24%；其次是专题培训，占 37.84%；开卷考试占 27.03%；通过邮件分发员工守则占 21.62%；在其他培训中涉及占 16.22%；闭卷考试占 8.11%，如图 2－16 所示。

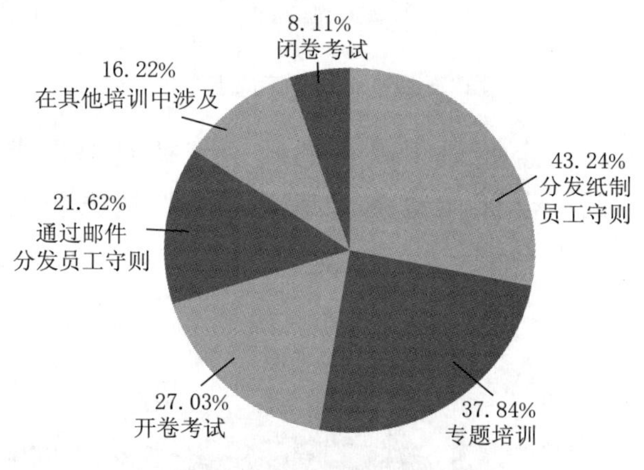

图 2－16　员工了解员工守则方式

从企业设立民主管理制度来看，有 51.28%的企业设立了职工代表大会制度，有 41.03%的企业设立了厂务公开制度，35.90%的企业设立了员工建议箱，23.08%的企业设立集体协商制度，职工董事和监事制度占 20.51%，17.95%的企业设立了质量圈计划，员工持股占 10.26%，没有占 5.12%，如图 2－17 所示。

从劳动争议 HR 管理人员配置来看，56.41%的企业 HR 有专人负责，35.9%的企业 HR 明确了职责，7.69%的企业没有相关设定，如图 2－18 所示。

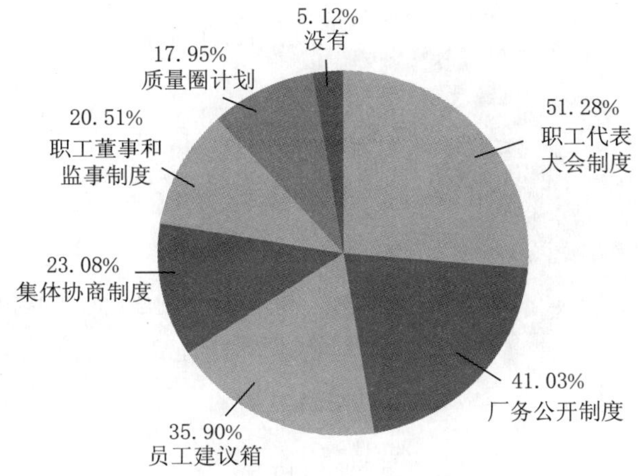

图 2-17 企业民主制度

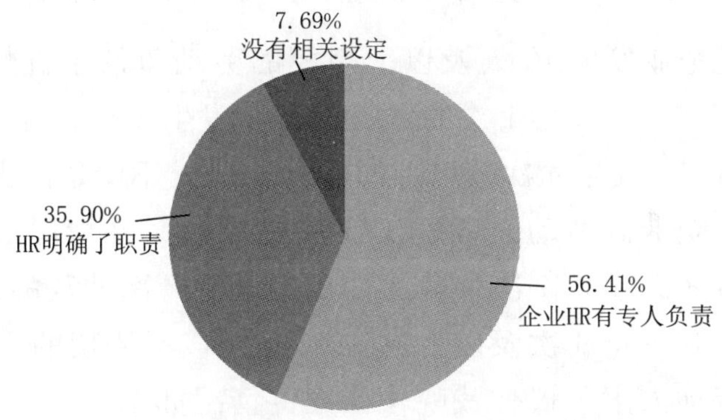

图 2-18 劳动争议 HR 管理人员配置情况

调查企业有 69.23%建立了企业工会，调查企业有 77.78%的 HR 有与企业工会合作或沟通的经历。在与工会的接触中，有 71.43%是由人力资源部门主动发起。当遇到棘手的劳动争议事件时，51.87%的调查企业 HR 第一时间想到请工会协助处理，偶尔有的占 14.81%，从来没有的占 18.52%。从人力资源部门对棘手劳动争议处理介入情况来看，由其他部门自行处理的占 8.98%，在刚开始就由人力资源部门介入并主导的占 16.67%，其他企业部门发现后移交人力资源部门、由人力资源部门主导的占 11.54%，由其他企业部门主导、人力资源部门配合处理的占 23.08%，视情况而定的占 32.05%，其他类占 6.41%，不清楚的占 1.28%，如图 2-19 所示。

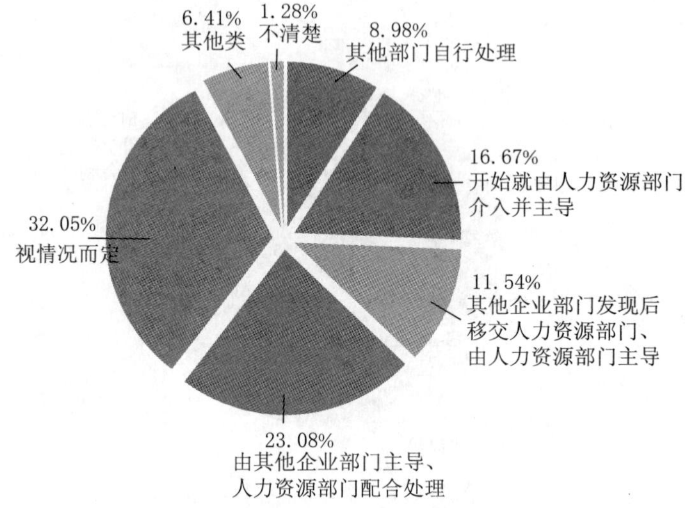

图 2-19 人力资源部门对棘手劳动争议处理介入情况

从本年度企业发生 10 人及以上规模的劳动争议事件情况来看，没有发生的占 85.9%，发生 1 次的占 5.13%，发生 2 次的占 1.28%，发生 3 次的占 3.85%，发生 4 次及以上的占 2.56%，不清楚的占 1.28%。

从本年度企业到劳动人事争议仲裁院仲裁案件情况看，没有到仲裁院仲裁的占 85.9%，1 次仲裁的占 5.13%，2 次仲裁的占 1.28%，3 次仲裁的占 3.85%，4 次及以上的占 2.56%，不清楚的占 1.28%。本年度企业到劳动人事争议仲裁院仲裁案件情况如图 2-20 所示。

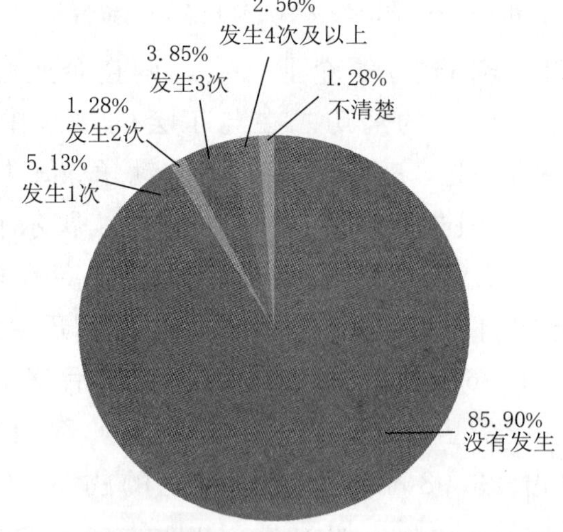

图 2-20 本年度企业到劳动人事争议仲裁院仲裁案件情况

从企业设立了劳动争议调解委员会的情况来看，51.28％的企业设立了劳动争议调解委员会，25.64％的企业未设立劳动争议调解委员会，23.08％的企业 HR 不清楚该制度，如图 2－21 所示。

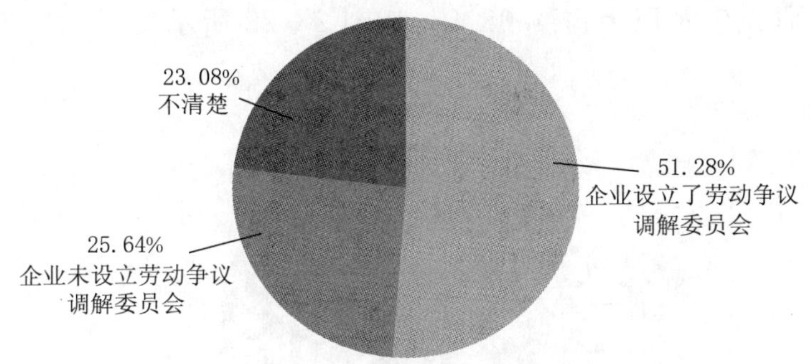

图 2－21　企业设立劳动争议调解委员会的情况

从企业劳动争议情况是否作为人力资源部门负责人年度总结的一项汇报内容的情况来看，汇报内容没有涉及的占 44.87％，发生重大事件时汇报的占 12.82％，常规性汇报内容的占 35.90％，不清楚的占 6.41％，如图 2－22 所示。

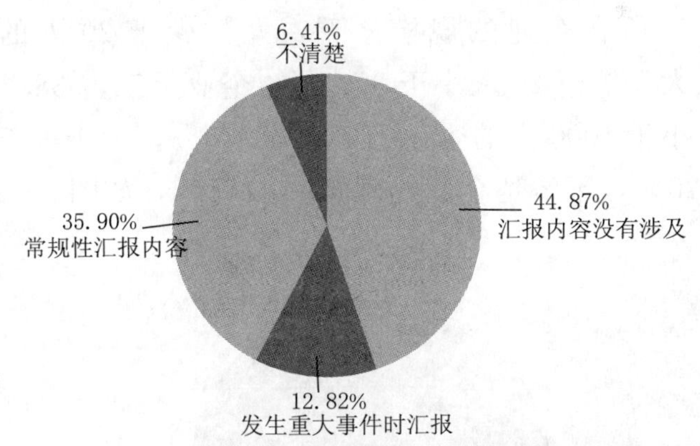

图 2－22　企业劳动争议人力资源部门负责人年度总结汇报情况

第二节　安徽制造企业劳动力流动分析

一、调查职工基本情况

所调查职工中，男性占 46.94％，女性占 53.06％；农业户口占

22.45%，非农业户口占 77.55%；调查所在地（市）户口的占 88.27%；党员占 36.73%；从所调查职工学历情况，小学及以下占 2.04%，初中占 5.61%，高中占 18.37%，中专占 10.2%，大专占 28.06%，本科占 31.64%，研究生及以上占 4.08%，如图 2－23 所示。

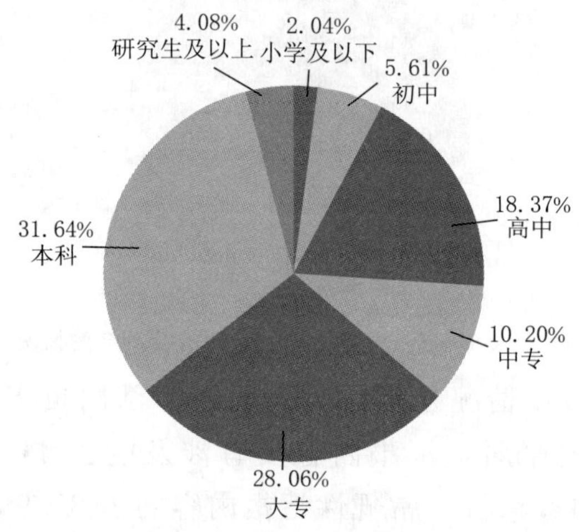

图 2－23 所调查职工学历情况

从调查职工所在企业的规模来看，人数少于 20 人的企业员工占 8.67%，人数大于等于 20 人小于 300 人的企业员工占 38.27%，人数大于等于 300 人小于 1000 人的企业员工占 15.31%，大于等于 1000 人的企业员工占 35.20%，不清楚企业规模的占 2.55%，如图 2－24 所示。

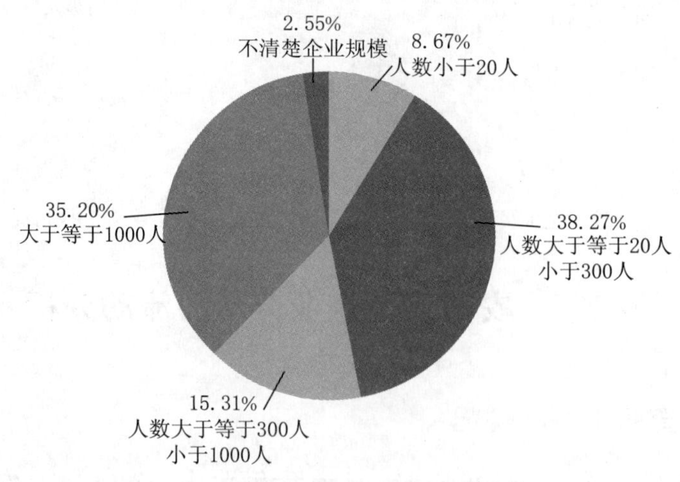

图 2－24 调查职工所在企业规模情况

二、职工流动情况

从职工在本地工作的时间来看，在本地工作不满 1 年的占调查职工总数的 2.55%，工作 1～2 年的占 6.63%，3～4 年的占 19.39%，5～6 年的占 10.71%，7 年及以上的占 60.72%，如图 2-25 所示。

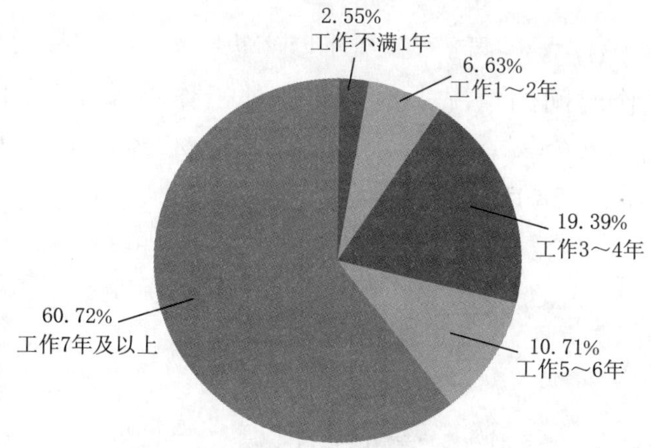

图 2-25　职工在本地工作时间情况

从调查职工职业流动情况来看，在目前单位工作之前换过 2 个及以下的占 59.18%，换过 3～4 个的占 34.69%，换过 5 个及以上的占 6.13%，如图 2-26 所示。

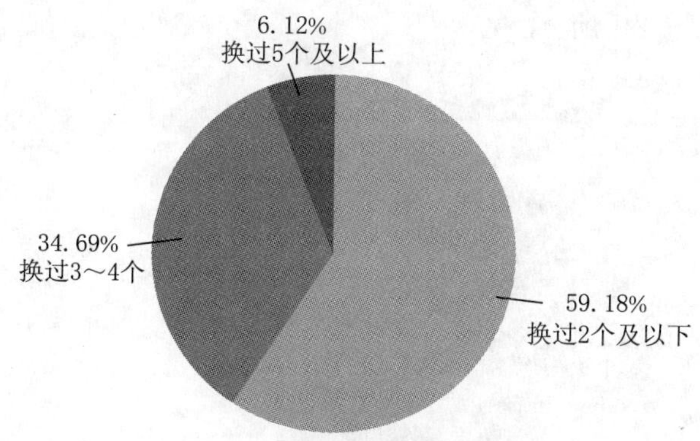

图 2-26　调查职工职业流动情况

从省外的工作经历来看，一直在省内工作的占 67.86%，在省外工作过的占 32.14%，如图 2-27 所示。

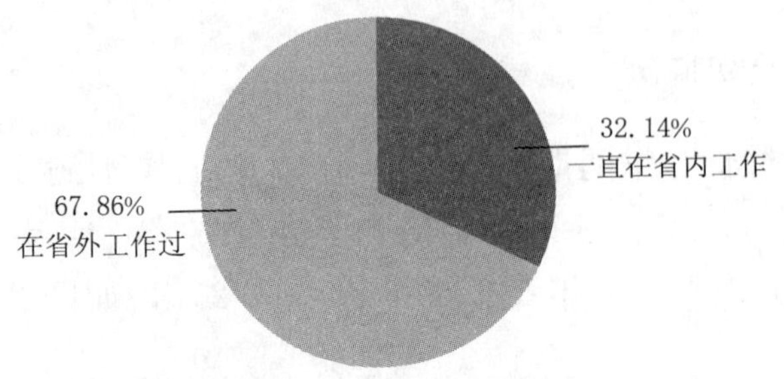

图 2-27 省外工作经历情况

从省外工作时间的情况来看，在省外工作不满 1 年的占 12.50%，1～2 年的占 43.75%，3～4 年的占 31.25%，5 年及以上的占 12.50%，如图 2-28 所示。

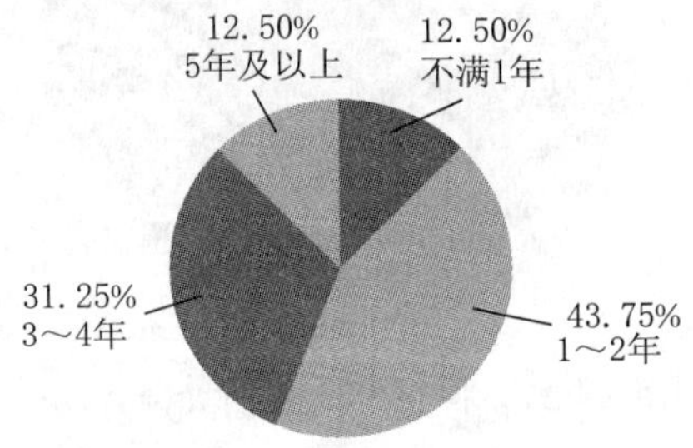

图 2-28 省外工作时间情况

从省内外工资水平比较来看，省外工资远高于现在的占 34.38%，略高于现在的占 20.31%，基本差不多的占 35.94%，略低于现在的占 9.37%，如图 2-29 所示。

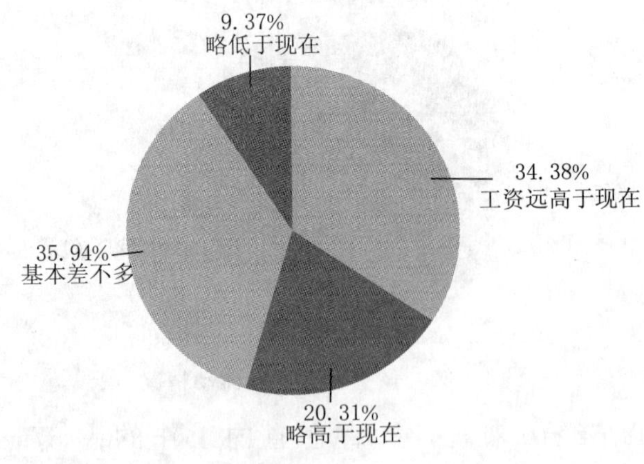

图 2-29 省内外工资水平比较情况

从返回安徽省就业的原因来看，排名第一位的原因是亲人不在身边产生的孤独感，第二位原因是方便照顾老人，第三位原因是子女教育问题，如图 2-30 所示。

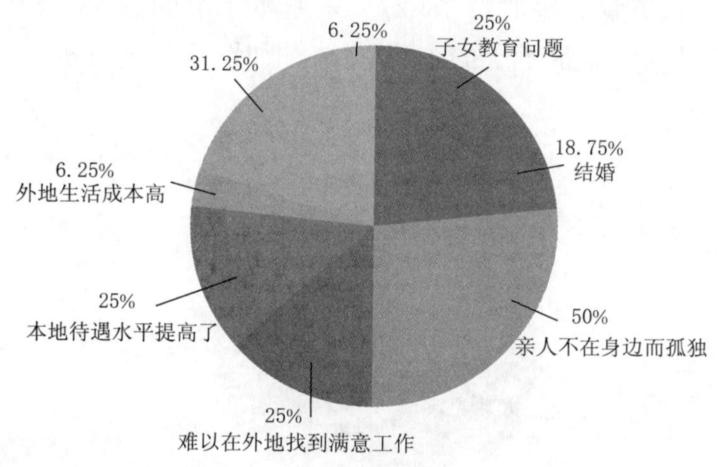

图 2-30 返回安徽省工作原因

从未来到外地工作的意愿来看，非常确定不到外地工作的占 24.49%，比较确定不在外地工作的占 27.55%，意愿一般的占 26.02%，比较确定到外地工作的占 18.88%，非常确定要到外地工作的占 3.06%，如图 2-31 所示。

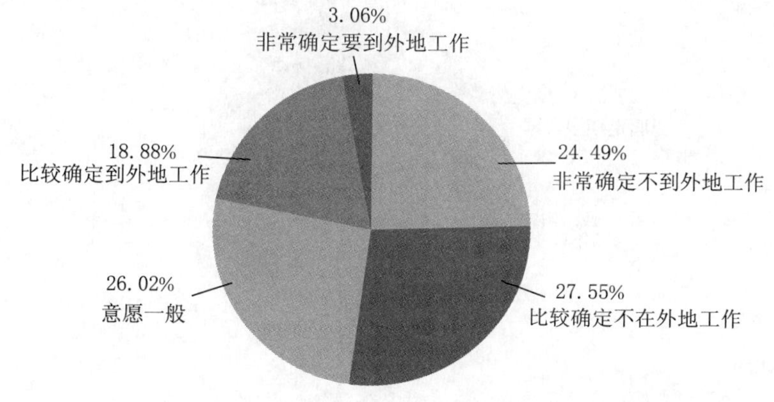

图 2-31 未来到外地工作的意愿

三、职工劳动权益保障情况

从职工对劳动、社会保障方面的法律了解情况来看，根本不了解的占 5.10%，了解一些的占 38.27%，基本了解的占 38.78%，较为了解的占 15.31%，非常了解的占 2.54%，如图 2-32 所示。

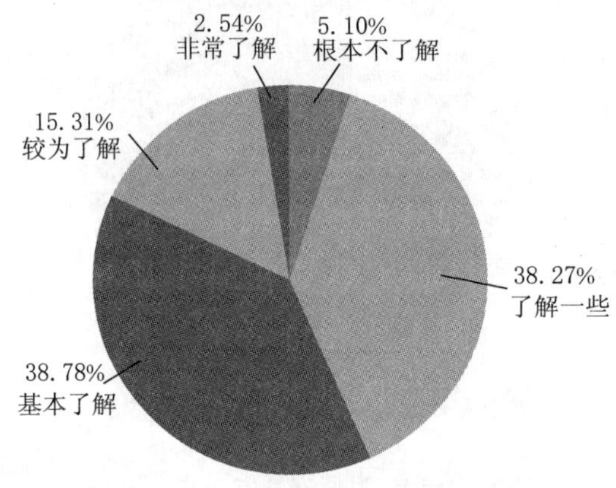

图 2-32 职工了解劳动保障法律情况

签订劳动合同的占调查职工的 94.39%，其中签订 1 年及以内的占 6.38%，1～3 年的占 40.43%，3～5 年的占 14.89%，5 年以上的占 12.77%，无固定期限合同的占 25.53%，如图 2-33 所示。

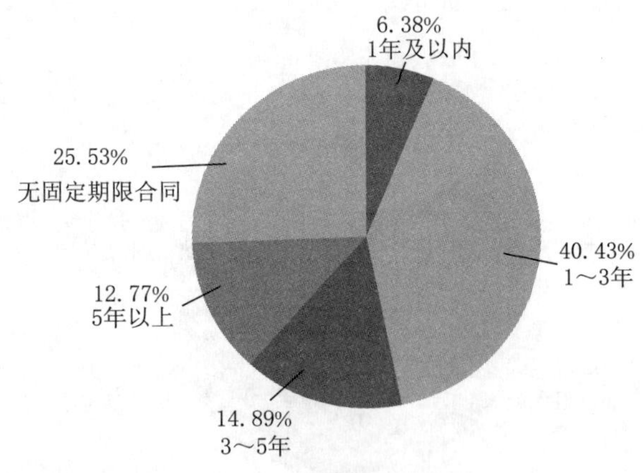

图 2-33 职工合同签订情况

从合同的履行情况来看，全部按合同履行的占 36.17%，大部分履行的占 34.04%，基本履行的占 21.28%，小部分履行的占 8.51%，如图 2 - 34 所示。

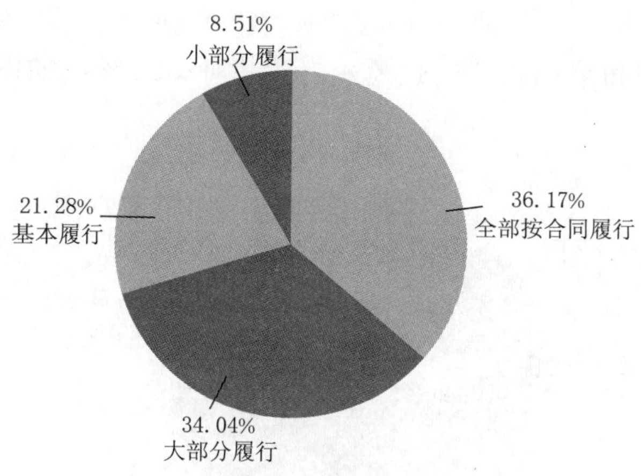

图 2 - 34　合同履行情况

所调查的制造企业职工，仅有 32.65％的职工每周工作 5 天及以下，近三分之二的职工每周工作超过 5 天。每天平均工作 8 小时及以下的占 42.86％，超过半数职工存在超时工作现象。那么在高强度的工作条件下，职工娱乐活动开展得如何呢？反映年内没有开展娱乐活动的占 36.22％，年内有 1 次活动的占 9.18％，年内有 2 次活动的占 15.82％，年内有 3～4 次活动的占 26.02％，年内有 5～6 次活动的占 5.10％，年内有 7 次及以上活动的占 7.56％，如图 2 - 35 所示。

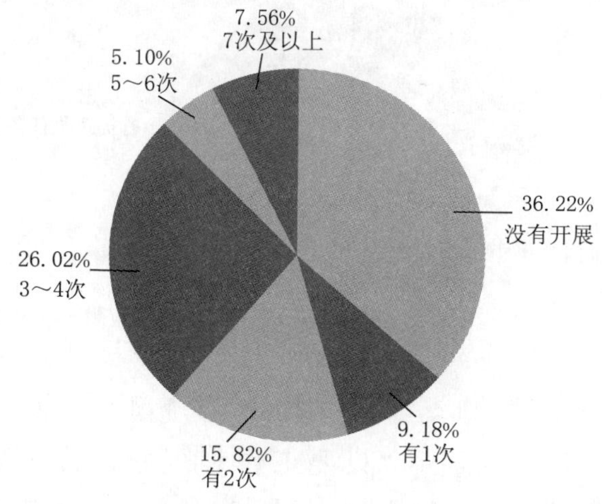

图 2 - 35　企业开展娱乐活动情况

从职工业余活动安排情况来看，在家或宿舍娱乐占 71.43%，照顾家人占 51.02%，休息占 40.82%，外出娱乐占 34.69%，旅游占 16.33%，学习和培训占 16.33%，打牌占 12.24%，如图 2-36 所示。

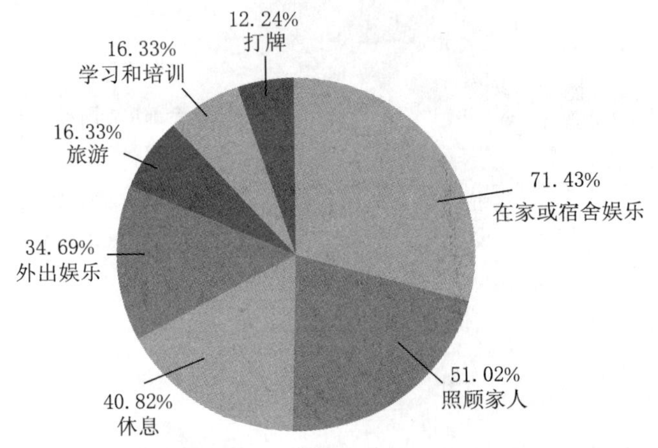

图 2-36　职工业余时间安排

在职工参与方面，有就企业生产、管理方面向上级领导或工会提改进意见任务或要求的占 28.57%，一直有想法碰到合适机会主动提的占 23.81%，有想法主动找相关部门提意见的占 38.1%，其他情况占 9.52%。具体如图 2-37 所示。

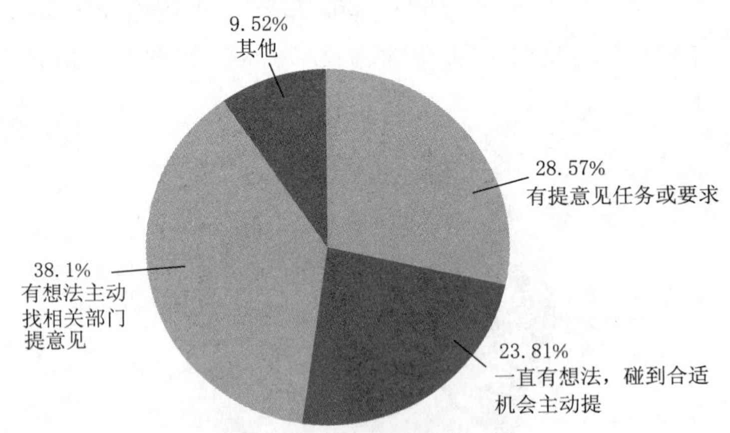

图 2-37　员工主动提意见情况

考察员工公平感，通过“只要工作表现好，就能受到企业重视”的指标来反映。非常符合描述的占 27.04%，比较符合描述的占

31.12%，一般的占 25%，比较不符合的占 6.63%，非常不符合的占 10.21%，如图 2-38 所示。

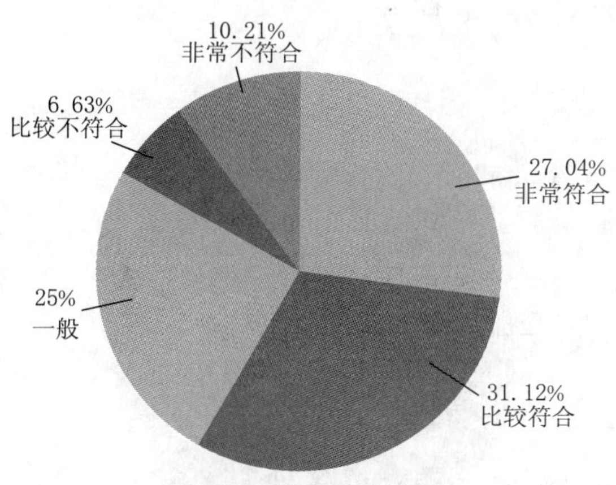

图 2-38　职工公平感

调查员工所在企业的 40.82% 建立了劳动争议调解委员会，71.43%建立了企业工会。在建立企业工会的职工中，有 45.71%的职工参加了企业工会主席或副主席的选举工作。在跟工会接触情况中，15.71%的职工从来没有同工会接触过，20%的职工仅在过节或娱乐比赛活动中有接触，50.72%的职工除过节和娱乐比赛活动外偶尔接触，13.57%的职工除过节和娱乐比赛活动外经常接触，如图 2-39 所示。

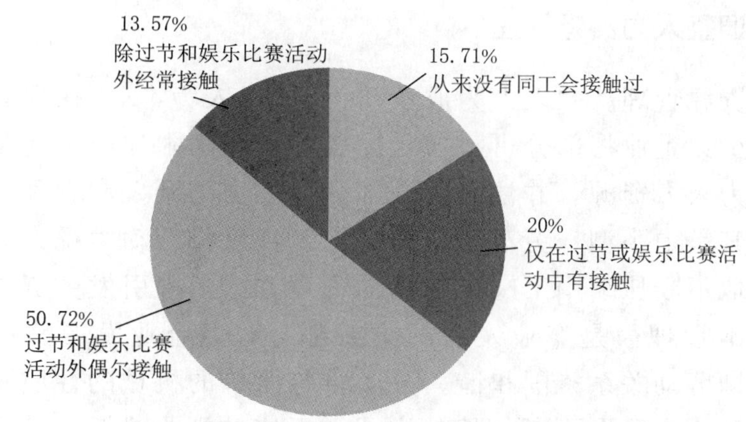

图 2-39　职工同工会接触情况

所调查的职工中，20.41%的职工同企业发生过劳动纠纷，其中自己与企业协商解决的占 35%，企业工会调解的占 37.50%，到地方劳动争议仲裁委员会仲裁的占 15%，到法院上诉的占 7.50%，其他处理方式的占 5%，如图 2－40 所示。

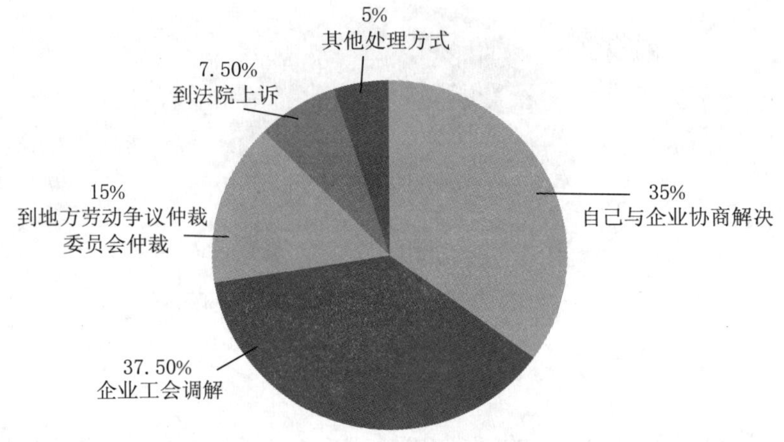

图 2－40 员工处理劳动争议方式

第三节 政策建议

一、调整人力资源管理

人力资源管理从“以人为成本”[①] 到“以人为本”。在现有的企业中，除了少数企业将部分可替代程度较低、劳动附加经济利益高的核心人才视为人力资源，并注重对该部分劳动力的开发和管理之外，多数企业尤其是中小型、劳动密集型企业，仅仅将劳动力视为成本的一部分，采取不断压缩用工成本的粗暴管理方式，并引发劳资矛盾。事实上，成本管理虽是企业发展的重要部分，但企业发展的核心应是“人和”，即劳动关系氛围和谐。劳动力与简单的机械的性质不同，其不应被视为成本采取不断压缩的方式，而应被视为投资，进而妥善管

① 常凯．人力资源法治化与劳动关系规制［J］．改革纵横，2015（9）：61－63．

理，而劳资矛盾则是企业将投资转化为了成本，得不偿失。现有的人力资源管理应注意从以下途径转变：首先，理念调整。认识到劳动力对企业发展的重要作用，从过去的将劳动力视为成本的理念转变为将劳动力视为有待开发的投资，并由过去的对劳动者的粗暴管理方式转变为以人为本，注重人文关怀的管理方式。其次，目标调整。人力资源管理的目标应在企业利益最大化目标的前提下，从过去的成本最小化转变为对劳动者的开发管理，使投资收益最大化。其中的关键则是注重劳动关系氛围和谐。最后，工作内容调整。多数企业的人力资源管理部门的工作内容仅为负责企业招聘，员工工资、奖金及社保管理等活动，更大程度上属于服务性岗位，并且不受企业管理方重视。建议将劳动关系氛围和谐作为人力资源管理的目标之一，并将调解企业内部劳资矛盾及劳动者之间的矛盾作为人力资源管理的核心工作内容。

二、改革工会

工会从“形式化”“行政化”到“民主化”。将劳动者划分为精英劳动者与普通劳动者。假定劳动力市场的目标是实现劳方力量与资方力量的平衡，即劳资自治（劳资自治是劳动关系和谐的前提）。那么对精英劳动者而言，由于其自身所掌握的技能，其与雇主并不符合“资强劳弱”的定位，双方更接近为一种平等的利益交换关系。对该部分劳动者，利用现代人力资源管理技术即可实现劳资自治。而对于普通劳动者而言，尤其是底层以劳动密集型产业为主的劳动者，劳资双方地位严重不对等，这一部分群体同样是劳资矛盾频发的领域。该部分劳动者在当前中国占比较大，对该部分劳动者劳动关系调整的途径之一，是通过建立企业工会或以地区为单位的行业工会，将单个劳动者聚集起来，以集体的力量与资方进行谈判，进而实现劳资自治。

笔者拟从以下方面提出工会改革路径：第一，鼓励引导底层尤其是以劳动密集型产业为主的企业劳动者建立以地区为单位的行业工会，如汽车零件制造业工会。第二，推行行业性的集体协商及集体合同制度并定期举行集体谈判，劳动者代表团与企业代表团就工资、工作时间及福利等问题进行协商并签订集体合同，集体合同条款应受法律保护。第三，工会工作内容去行政化。其根本宗旨仍是更好地解决劳资矛盾从而实现社会稳定。因此工会在实际工作中应当以维护劳动者利益为主，当劳动者的利益受到侵害时，应当明确地站在劳动者的立场。

三、推进劳动合同工作

底层以劳动密集型产业为主的劳动者，由于不具备与资方谈判的能力，实现劳资自治的其中一个路径是通过建立工会形成劳动者集体，通过集体力量获得与资方谈判的能力。但工会的建立与完善是一项长期的任务，在这一过程中，仍旧需要政府公权力的介入以匡正“资强劳弱”的局面。现有的以单个劳动者为对象的劳动合同签订工作就是较好的方式。但目前的劳动合同存在覆盖面有待提高以及合同签订形式化等问题，应注意从以下几个方面完善并继续推进劳动合同工作：首先，提高劳动合同覆盖率。辖区劳动部门应不定期对所在区域企业的劳动合同签订情况进行监督检查，并重点关注是否有逾期未签以及实际符合劳动关系却被转换为非劳动关系的情况。其次，提高劳动仲裁效率。部分劳动者在劳动纠纷发生时并不是首选劳动仲裁，原因之一即是劳动仲裁的周期较长，劳动者在这一期间付出的时间成本较高，有时甚至出现劳动者在外地工作需要往返两地的情况。考虑到劳动者的实际情况，应当适当提高劳动仲裁效率，降低劳动者仲裁成本，提高劳动者在权益受损时寻求法律途径的积极性。最后，执法须严。目前，劳动力市场普遍存在资方与劳方对法律规制的双重不信任的情况，部分企业法制意识淡薄，明知不合规而为之，侵害劳动者利益。政府公权力对劳资矛盾严格公正处理的行为所释放出的信号，对于资方合规运营、劳动者权益维护以及实现劳资自治具有深远意义。

四、实施以欠薪保障为基础的企业信用管理制度

企业行为从“无成本”到“有约束”。薪酬权益是劳动者的基本权益，薪酬权益得不到保障，劳资矛盾必然不可避免，而大规模的集体

欠薪事件甚至可能引发社会动荡。针对部分企业存在的恶意拖欠及扣发工资的行为，除政府公权力规制以外，应当通过建立以企业行为为基础的信用管理制度，并作为企业获得融资、税收优惠等政策的评判标准。将存在恶意拖欠劳动者工资的企业拉入银行信贷黑名单，并且不予享受包括税收优惠在内的企业政策，企业信用信息应作为企业基本信息进行公示，将拖欠员工工资与企业吸纳人才、获得融资、产业合作等企业未来发展活动紧密联系在一起，迫使企业主动规范自身行为。更重要的是针对部分企业在资金周转不灵时，首先想到的是牺牲员工利益，认为拖欠劳动者工资是最没有成本的企业，建立以欠薪保障为基础的企业信用管理制度，能够对企业欠薪行为造成约束，最大程度地维护劳动者利益。

五、鼓励开展员工培训

员工培训与劳动者工作效率及劳动安全息息相关，应作为现代企业经营管理中必不可少的一项程序。我国企业普遍忽视对劳动力的培训活动，造成这一现状的原因是多方面的，从企业角度而言，主要是基于成本收益考虑，如企业所承担时间、场地、培训经费与劳动者在就职时间内带来的收益比较。而从劳动者角度而言，则主要为时间、精力限制。基于此，笔者就劳动者培训提出以下建议：其一，针对高校学生，加强校企合作，注重毕业生实践培训。针对高校毕业生，在其正式就业之前，应当由高校主导进行就职培训。培训内容主要包括法律意识培训及技能培训。其中法律意识培训为指导毕业生就劳动法律相关规定进行学习。技能培训则是由各高校学生导师定期组织所负责的学生到各企业机构进行暑期实践。其二，针对新入职劳动者，应由企业工会或行业工会组织开展入职培训。培训内容除了劳动法律意识培训及技能培训外，还应当让劳动者知晓应签订劳动合同及集体合同。同时对于存在职业安全威胁的行业，还要对劳动者实行一定时间的安全操作培训。

第三章 安徽医疗保障发展报告

2018 年是全面贯彻落实党的十九大精神的开局之年，是改革开放 40 周年，是决胜全面建成小康社会、实施“十三五”规划承上启下的关键一年，也是建设现代化五大发展美好安徽重要的一年。按照党的十九大报告提出的“实施健康中国战略”要求及省委省政府的决策部署，安徽省积极实施深化医药卫生体制综合改革，加强医疗、医保、医药“三医联动”；推进城乡医保制度整合和管理体制改革试点；深化医联体建设，实现县域医共体全覆盖；完善分级诊疗、双向转诊机制；提高家庭医生签约服务水平；健全现代医院管理制度，推进公立医院薪酬制度改革等一系列改革措施，推进健康安徽建设，为人民群众提供全方位全周期的健康服务。

第一节 安徽医疗保障发展现状

一、安徽城镇职工基本医疗保险制度发展状况

（一）安徽城镇职工基本医疗保险参保人数及参保率状况

截至 2017 年 12 月底，安徽城镇职工基本医疗保险参保人数总计 809.20 万人，与上年同期相比净增 27.25 万人，参保人数呈现稳步增长的态势。而从城镇职工基本医疗保险参保率的角度来看，2017 年安徽城镇职工基本医疗保险参保率达到 58.70%，与 2016 年相比下降了 0.2 个百分点。详见表 3－1 所列。

表 3-1　2010—2017 年安徽城镇职工基本医疗保险参保人数及参保率状况

年份	城镇从业人数（万人）	参保人数（万人）	参保率（%）
2010	973.5	612.85	62.95
2011	1038.3	659.32	63.50
2012	1141.0	685.21	60.05
2013	1226.2	715.97	58.39
2014	1277.4	739.88	57.92
2015	1292.1	763.30	59.07
2016	1327.5	781.95	58.90
2017	1378.5	809.20	58.70

资料来源：根据历年《安徽统计年鉴》整理计算。

分地区来看，截至 2017 年 12 月底，合肥市参保人数最多，达到 2147873 人；其次是芜湖市，为 747084 人；池州市最少，仅为 143651 人。而从各地市的环比增长比较情况可以看出，合肥市的环比增长最高，为 7.90%；其次是亳州市，环比增长 7.75%；而淮北市的环比下降幅度最大，为－7.72%。详见表 3-2 所列，如图 3-1 所示。

表 3-2　安徽省各地市城镇职工基本医疗保险参保情况　　（人，%）

城　市	参保人数及其增长率		
	2016 年	2017 年	增长率
合肥市	1990643	2147873	7.90
淮北市	461071	425458	－7.72
亳州市	226904	244484	7.75
宿州市	315615	326962	3.60
蚌埠市	472995	478511	1.17
阜阳市	399554	426635	6.78
淮南市	575383	574704	－0.12
滁州市	416868	423535	1.60
六安市	321836	331102	2.88
马鞍山市	496317	505121	1.77
芜湖市	718759	747084	3.94

（续表）

城 市	参保人数及其增长率		
	2016 年	2017 年	增长率
宣城市	323825	333040	2.85
铜陵市	329442	338216	2.66
池州市	138993	143651	3.35
安庆市	436192	443226	1.61
黄山市	195122	202366	3.71

资料来源：根据《安徽统计年鉴 2017》《安徽统计年鉴 2018》整理计算。

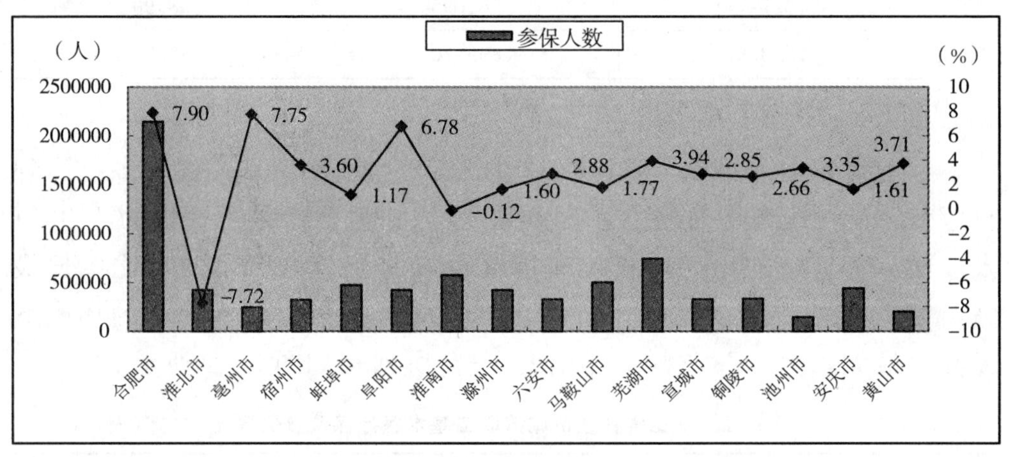

图 3 - 1　2017 年安徽省各市城镇职工基本医疗保险参保情况

（二）安徽城镇职工基本医疗保险基金收入、支出及结余情况

从基金收入总量来看，2017 年安徽省城镇职工基本医疗保险基金征缴收入总量增长迅速，截至 2017 年年底，基金收入达到 2601640 万元，比上年增加 413213 万元，增长率达到 18.88%。从基金支出总量来看，2017 年全省城镇职工基本医疗保险基金总支出 2035661 万元，与上年同期相比，基金总支出量增加 258557 万元，增幅达到 14.55%。从基金累计结余来看，2017 年安徽省城镇职工基本医疗保险基金累计总结余 3238800 万元，与上年同期相比，增加 565980 万元，增幅达到 21.18%。另从基金累计结余可支付月数来看，2017 年可支付月数比 2016 年增加了 1.04 个月，且近些年来一直保持在 15 个月以上。详见表 3 - 3 所列。

表 3-3 安徽城镇职工医疗保险基金收入、支出及结余情况 (万元)

年份	基金收入	基金支出	基金累计结余	累计结余可支付月数
2010	804305	686634	1058981	18.51
2011	1073432	883504	1248637	16.96
2012	1293320	1100605	1441351	15.72
2013	1594845	1283736	1752515	16.38
2014	1737243	1477297	2012461	16.35
2015	1940250	1691212	2261499	16.05
2016	2188427	1777104	2672820	18.05
2017	2601640	2035661	3238800	19.09

资料来源：《安徽统计年鉴 2017》《安徽统计年鉴 2018》。

分地区来看，截至 2017 年年底，合肥市无论是基金收入总量、支出总量还是基金结余总量均为全省最多，2017 年合肥市基金收入总量为 830498 万元，基金支出总量为 614559 万元，基金结余总量为 1304723 万元；而池州市无论是在基金收入还是在基金支出方面均属于全省最少，其中，2017 年池州市基金收入总量为 46846 万元，基金支出总量为 37204 万元。而从基金收入增长率来看，2017 年淮北市基金收入环比增长率最高，为 51.46％；铜陵市基金收入环比增长率最低，为－1.19％。从基金支出增长率来看，2017 年淮南市基金支出环比增长率最高，为 45.86％；六安市基金支出环比增长率最低，为－2.18％。另从基金累计结余额增长率来看，2017 年宣城市基金结余环比增长率最高，为 44.55％；而淮南市基金结余环比增长率最低，为 4.03％。详见表 3-4 所列。

表 3-4 安徽省各地市城镇职工基本医疗保险基金收入、支出及结余情况 (万元,％)

地 市	基金收入			基金支出			基金累计结余		
	2016 年	2017 年	增长率	2016 年	2017 年	增长率	2016 年	2017 年	增长率
合肥市	692872	830498	19.86	506617	614559	21.31	1088783	1304723	19.83
淮北市	69269	104912	51.46	63333	70369	11.11	103443	137986	33.39
亳州市	69084	77573	12.29	51027	53963	5.75	101971	125581	23.15
宿州市	72393	80421	11.09	52784	58040	9.96	140993	163374	15.87
蚌埠市	116883	135739	16.13	104083	102798	－1.23	100710	133651	32.71
阜阳市	114353	138714	21.30	87254	99260	13.76	119480	158935	33.02
淮南市	114399	163028	42.51	108183	157794	45.86	129861	135095	4.03

(续表)

地　市	基金收入			基金支出			基金累计结余		
	2016 年	2017 年	增长率	2016 年	2017 年	增长率	2016 年	2017 年	增长率
滁州市	126838	150233	18.44	106377	117770	10.71	163013	195476	19.91
六安市	93070	104770	12.57	77758	76060	−2.18	132913	161623	21.60
马鞍山市	149246	157285	5.39	133061	143596	7.92	94919	108608	14.42
芜湖市	187157	212891	13.75	166760	182939	9.70	138487	168440	21.63
宣城市	94203	114475	21.52	76168	84328	10.71	67666	97813	44.55
铜陵市	82317	81338	−1.19	64444	75280	16.81	117108	123166	5.17
池州市	40717	46846	15.05	33200	37204	12.06	40265	49906	23.94
安庆市	114109	144082	26.27	101728	113658	11.73	77860	108284	39.08
黄山市	51517	58835	14.21	44327	48043	8.38	55348	66139	19.50

资料来源：根据《安徽统计年鉴 2017》《安徽统计年鉴 2018》整理计算。

而从各地市基金累计结余可支付月数来看，目前安徽省大部分地市的基金累计结余可支付月数均超过 15 个月，尤其是宿州市的基金结余可支付月数最多，达 33.78 个月，仅淮南市、马鞍山市、芜湖市、宣城市、安庆市这五个市的基金结余可支付月数低于 15 个月，如图 3－2 所示。

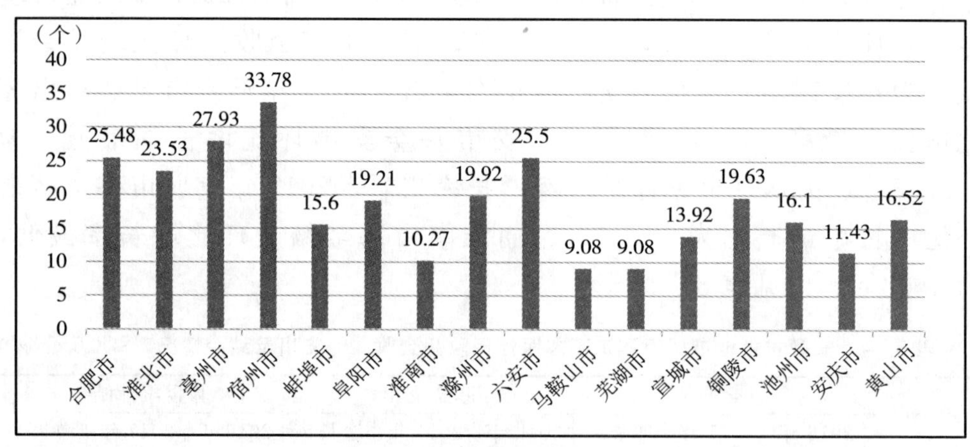

图 3－2　2017 年安徽省各地市城镇职工基本医疗保险基金结余支付月数

二、安徽城镇居民基本医疗保险制度发展状况

（一）安徽城镇居民基本医疗保险参保人数状况

截至 2017 年年底，安徽城镇居民基本医疗保险参保人数总计

12988590 人，与上年同期相比参保人数增加 4592908 人，增长了 54.71%，如图 3-3 所示。

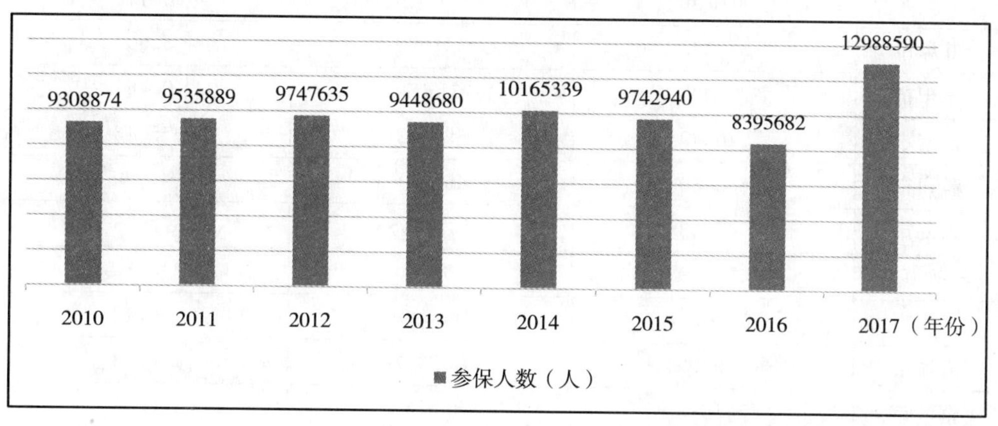

图 3-3　2010—2017 年安徽城镇居民基本医疗保险参保人数

分地区来看，截至 2017 年年底，六安市城镇居民基本医疗保险参保人数最多，达到 5325865 人；其次是合肥市，参保人数达到 1720729 人；阜阳市参保人数最少，仅为 31337 人。而从各地市的城镇居民基本医疗保险参保人数的环比增长率比较情况可以看出，六安市的环比增长率最高，为 877.53%，这主要是因为六安市从 2017 年 1 月 1 日起，将城镇居民医保和“新农合”两项制度并轨，整合为“城乡居民基本医疗保险”，并统一政策标准、经办服务和信息系统，打破城乡差别和居民身份界限，实现基本医疗保障公共服务的均等化。而亳州市的环比增长率最低，为−57.03%。详见表 3-5 所列，如图 3-4 所示。

表 3-5　安徽省各地市城镇居民基本医疗保险参保情况　（人，%）

地　市	参保人数及其环比增长率		
	2016 年	2017 年	环比增长率
合肥市	1656776	1720729	3.86
淮北市	473502	328333	−30.66
亳州市	203977	87652	−57.03
宿州市	547883	495215	−9.61

（续表）

地　市	参保人数及其环比增长率		
	2016 年	2017 年	环比增长率
蚌埠市	372493	387023	3.90
阜阳市	31192	31337	0.46
淮南市	740049	699872	−5.43
滁州市	588230	465011	−20.95
六安市	544833	5325865	877.53
马鞍山市	472699	492700	4.23
芜湖市	1047000	1045088	−0.18
宣城市	179709	532357	196.23
铜陵市	541012	538764	−0.42
池州市	110645	101302	−8.44
安庆市	685985	542908	−20.86
黄山市	199697	194434	−2.64

资料来源：根据《安徽统计年鉴 2017》《安徽统计年鉴 2018》整理计算。

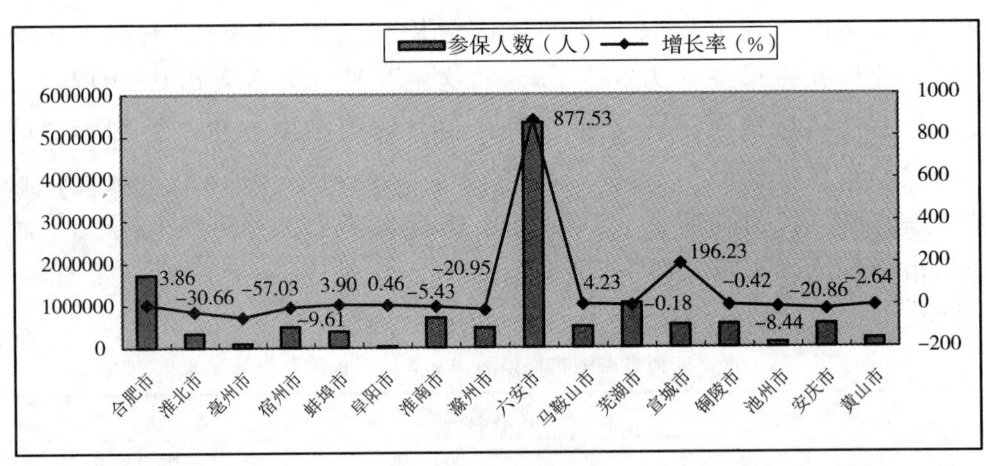

图 3－4　2017 年安徽省各市城镇居民基本医疗保险参保情况

（二）安徽城镇居民基本医疗保险基金收入、支出及结余情况

2017 年年末，安徽省城镇居民基本医疗保险基金收入总规模达到 802481 万元，比上年增加 329177 万元，增长率达到 69.55%。从基金

支出总量来看，2017 年全省城镇居民基本医疗保险费总支出 664496 万元，与上年同期相比，基金总支出增加 293812 万元，增幅达到 79.26%。从基金累计结余来看，2017 年全省城镇居民基本医疗保险费累计总结余 794527 万元，与上年同期相比，增加 202461 万元，增幅达到 34.20%。而从基金累计结余可支付月数来看，2017 年安徽省城镇居民基本医疗保险基金累计结余可支付月数为 14.35 个月，比 2016 年减少 4.82 个月。2010—2017 年，安徽省城镇居民基本医疗保险基金累计结余可支付月数均超过 14 个月，详见表 3 - 6 所列。

表 3 - 6 2010—2017 年安徽城镇居民基本医疗保险基金收入、支出及累计结余情况

（万元）

年份	基金收入	基金支出	基金累计结余	累计结余可支付月数（月）
2010	184683	133787	206781	18.55
2011	252180	176054	275948	18.81
2012	321603	236587	356475	18.08
2013	417549	344626	402958	14.03
2014	372422	326502	448820	16.50
2015	451113	370514	520002	16.84
2016	473304	370684	592066	19.17
2017	802481	664496	794527	14.35

资料来源：《安徽统计年鉴 2018》。

分地区来看，截至 2017 年 12 月底，由于六安市将城镇居民基本医疗保险制度与“新农合”统一为城乡居民基本医疗保险制度，故六安市城镇居民基本医疗保险，无论是基金收入总量、支出总量还是基金结余总量均为全省最多。2017 年六安市城镇居民基本医疗保险基金收入总量为 306616 万元，基金支出总量为 284647 万元，基金结余总量为 144321 万元；而阜阳市无论是在基金收入还是基金支出、基金结余额方面均属于全省最少。其中，2017 年阜阳市基金收入总量为 1570 万元，基金支出总量为 211 万元，基金结余总量为 7307 万元。而从各市城镇居民基本医疗保险基金收入、支出及结余增长率来看，其中，2017 年六安市基金收入、支出、基金结余的环比增长率均最高，其中，基金收入增长率为 747.68%，基金支出环比增长率为 895.90%，基金结余环比增长率为 210.79%。而 2017 年亳州市的基金收入增长率最低，为 -51.73%；2017 年阜阳市基金支出增长率最低，为 -74.49%；而亳州市的基金结余增长率最低，为 -30.11%，详见表 3-7 所列。

表 3-7 安徽省各地市城镇居民基本医疗保险基金收入、支出及结余情况 （万元，%）

城市	基金收入			基金支出			基金累计结余		
	2016 年	2017 年	增长率	2016 年	2017 年	增长率	2016 年	2017 年	增长率
合肥市	75470	100250	32.83	59343	86464	45.70	117847	131512	11.60
淮北市	21508	21511	0.01	20713	15177	-26.73	11289	17623	56.11
亳州市	11319	5464	-51.73	8882	6031	-32.10	39876	27871	-30.11
宿州市	34381	36721	6.81	24034	21417	-10.89	48548	63853	31.53
蚌埠市	20465	26906	31.47	12501	14253	14.01	34637	47297	36.55
阜阳市	1204	1570	30.40	827	211	-74.49	5949	7307	22.83
淮南市	44748	51185	14.39	36419	47666	30.88	31870	35389	11.04
滁州市	37275	39717	6.55	26156	27752	6.10	74798	86778	16.02
六安市	36171	306616	747.68	28582	284647	895.90	46437	144321	210.79
马鞍山市	28997	33000	13.80	23890	24757	3.63	16618	24869	49.65
芜湖市	63405	72515	14.37	48803	52056	6.67	51784	72328	39.67
宣城市	13549	10372	-23.45	12045	10969	-8.93	16008	15411	-3.73
铜陵市	34577	33793	-2.27	27197	31037	14.12	25961	28717	10.62
池州市	5868	6486	10.53	3677	3439	-6.47	8839	11886	34.47
安庆市	33740	43157	27.91	27461	28573	4.05	45304	59893	32.20
黄山市	10627	13218	24.38	10154	10047	-1.05	16301	19472	19.45

资料来源：根据《安徽统计年鉴 2017》《安徽统计年鉴 2018》整理计算。

（三）安徽城镇居民基本医疗保险筹资及报销水平

在筹资水平方面，《安徽省 2018 年城镇居民基本医疗保险实施办法》规定，2018 年居民医保各级财政补助标准在 2017 年的基础上提高 40 元，达到每人 490 元。其中比照西部开发政策的县（市、区），中央财政承担 356 元，省财政承担 119 元，县财政配套不低于 15 元；

比照西部开发政策的县（市、区），中央财政承担 282 元，省财政承担 156 元（其中对市本级承担 104 元），县财政配套不低于 52 元（其中市本级财政配套 104 元）。

报销水平方面，根据《安徽省人民政府关于 2018 年实施 33 项民生工程的通知》（皖政〔2018〕26 号）精神，参保居民在基层协议医疗机构发生的合规普通门诊医药费用，基金支付比例不低于 50%，而政策范围内住院医疗费用基金支付比例稳定在 75%左右。

（四）城镇居民大病保险制度筹资与补偿情况

为有效防止发生家庭灾难性医疗支出，2018 年安徽省继续完善城镇居民大病保险制度，城镇居民基本医疗保险参保人员全部纳入大病保险保障范围。2018 年大病保险筹资标准在 2017 年的基础上提高 20 元，达到人均 50 元左右。2018 年大病保险报销比例不低于 50%。

三、安徽新型农村合作医疗制度发展状况

（一）安徽"新农合"参保人数及参保率状况

截至 2017 年 12 月底，安徽"新农合"参保人数总计 4653.7 万人，与上年同期相比参保人数减少 467.3 万人。从参合率角度来看，2017 年安徽"新农合"参合率达到 103.1%，比上年同期相比增加 1.1 个百分点，详见表 3-8 所列。

表 3-8　2010—2017 年安徽城镇居民基本医疗保险参保人数及参保率状况

年　份	参合人数（万人）	参合率（%）
2010	4750.2	96.0
2011	4917.1	98.7
2012	5043.8	99.5
2013	5149.6	100.6
2014	5190.8	101.0
2015	5191.0	101.8
2016	5121.0	102.0
2017	4653.7	103.1

资料来源：《安徽统计年鉴（2018）》。

（二）安徽“新农合”基金收入、支出及结余情况

为切实提高保障水平，根据《安徽省人民政府关于 2018 年实施 33 项民生工程的通知》文件要求，2018 年“新农合”筹资标准提高到每人每年 670 元。

2017 年安徽省“新农合”基金共筹资 2907727 万元，比上年增加 53188 万元，其中农民缴纳额达到 699798 万元，比上年增加 84478 万元。2017 年安徽省“新农合”基金支出总额达到 2746777 万元，比上年增加 197596 万元，增长率达到 7.75%。“新农合”基金总额达到 3924902 万元，比上年增加 247981 万元，增长率达到 6.74%。可以看出，“新农合”基金的结余额每年都在增长，详见表 3－9 所列。

表 3－9 2010—2017 年安徽省新农合基金收、支及结余情况 （万元）

项目 / 年份	当年筹资	农民缴纳	基金总额	基金支出总额
2010	721087.90	142981.60	806507.70	632122.30
2011	1129839.80	148044.70	1307626.70	932038.50
2012	1487169.70	252338.20	1869843.80	1428580.60
2013	1895768.10	309303.10	2326102.60	1775727.80
2104	2129676.50	363169.4	2659934.3	2064647.3
2015	2551820	519018	3116916	2232031
2016	2854539	615320	3676921	2549181
2017	2907727	699798	3924902	2746777

资料来源：《安徽统计年鉴（2018）》。

（三）安徽“新农合”补偿情况

2017 年安徽省“新农合”补偿受益达 9470.2 万人次，比 2016 年减少 61.8 万人次，下降率为 0.66%；2017 年安徽省“新农合”住院实际补偿比进一步提升，达到 64.8%，比 2016 年提高了 3 个百分点，详见表 3－10 所列。根据《安徽省人民政府关于 2018 年实施 33 项民生工程的通知》等文件规定，2018 年全省参合农民都能在本乡（镇）卫生院和就近的村卫生室获得门诊费用报销。门诊补偿严格实行“按比例补偿”的费用分担共付机制，单次门诊可补偿费用的补偿比例达

到 50%左右，单次补偿额度适当封顶。

表 3－10　安徽省“新农合”补偿情况

年　份	2010	2011	2012	2013	2014	2015	2016	2017
补偿受益（万人次）	4260.2	6379.8	10070.2	10382.2	10232.7	10039.0	9532.0	9470.2
住院率（%）	6.3	6.6	8.2	9.0	9.6	9.7	10.5	12.0
住院实际补偿比（%）	46.3	51.3	59.3	59.8	60.0	58.5	61.8	64.8

资料来源：《安徽统计年鉴（2018）》。

分地区来看，2017 年，安徽省补偿受益人次最多的是阜阳市，达到 1883.2 万人次；排名第二的是亳州市，达到 1407.0 万人次；而补偿受益人次最少的是铜陵市，仅 119.6 万人次。从住院实际补偿比来看，2017 年亳州市的住院实际补偿比最高，达到 71.2%；而马鞍山市的住院实际补偿比最低，仅为 58.4%，两者相差达 12.8 个百分点，详见表 3－11 所列，如图 3－5 所示。

表 3－11　2017 年安徽省各地市“新农合”补偿情况

地　市	补偿受益（万人次）	住院实际补偿比（%）
合肥市	706.6	59.1
淮北市	218.1	66.4
亳州市	1407.0	71.2
宿州市	1148.4	66.4
蚌埠市	605.8	65.4
阜阳市	1883.2	68.2
淮南市	294.3	60.8
滁州市	768.0	63.0
马鞍山市	238.7	58.4
芜湖市	366.0	60.9
宣城市	498.8	63.6
铜陵市	119.6	61.3
池州市	151.6	62.6
安庆市	855.6	65.1
黄山市	208.1	64.8

资料来源：《安徽统计年鉴（2018）》。

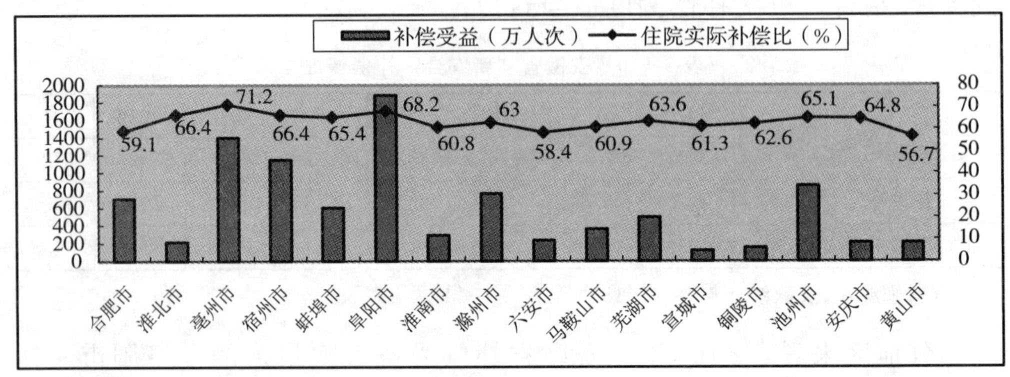

图 3-5 2017 年安徽省各市新农合补偿情况

（四）“新农合”大病保险筹资与补偿情况

在“新农合”大病保险全省覆盖的基础上，2018 年安徽省进一步巩固并完善“新农合”大病保险制度，逐步提高统筹层次、筹资水平和保障水平，大病保险人均筹资达到全省平均 35 元左右，分段补偿比例最低不少于 55%，并通过紧密衔接“新农合”基本医疗保障及医疗救助等制度，有效减少了参合大病患者的家庭灾难性医疗支出。

第二节 安徽医疗保障改革新举措及存在问题的分析

一、2018 年安徽医疗保障改革新举措

（一）进一步完善了药品供应保障制度，降低药品耗材价格

为进一步降低药品耗材价格，2018 年安徽省进一步完善药品集中采购机制和药品耗材采购“两票制”，实施新一轮药品集中招标采购，继续开展联合带量采购，积极参与“沪苏浙皖闽”四省一市药品耗材联合采购，进一步降低药品耗材价格。同时制定公立医疗机构药品货款第三方统一支付办法，优化医保资金结付流程，降低药品流通企业财务成本，保障药品供应及群众用药需求。

（二）规范家庭医生签约服务，发挥居民健康“守门人”作用

为贯彻落实省委省政府《安徽省人民政府关于 2018 年实施 33 项

民生工程的通知》《关于进一步加强和改进卫生与健康工作的实施意见》及国务院医改办等 7 部委《关于印发推进家庭医生签约服务的指导意见的通知》等文件精神，深入实施民生工程。2018 年 4 月，安徽省卫生健康委员会、安徽省财政厅联合下发了《智慧医疗与家庭医生签约服务实施办法》，根据群众健康需求，科学设计服务包，合理确定价格，将符合规定的家庭医生有偿签约服务费纳入医保报销。此外，加强管理与督查考核，不断提升家庭医生签约服务履约率和服务质量。根据《安徽医改“十三五”规划》的时间表，到 2020 年，安徽省争取将签约服务扩大到全部人群，基本实现家庭医生签约服务制度全覆盖。

（三）巩固临床路径管理＋按病种付费，实现公立医院有效控费提质

2018 年安徽省不断巩固县级公立医院临床路径管理成效，覆盖 150 个以上病种；推进省、市级公立医院临床路径管理。开展病种、病例双考评，规范诊疗行为，控制医疗费用不合理增长。继续推进二级及以上公立医院按病种付费，扩大病种范围，提高执行率，其中：“新农合”达到 150 个病种 50％执行率，职工医保和城镇居民医保达到 100 个病种 30％执行率，合肥、蚌埠、滁州 3 个试点市达到 150 个病种 40％执行率。推动中医药适宜技术优势病种支付方式改革，覆盖 13 项中医药适宜技术对应的 15 个门诊优势病种、10 个住院优势病种。

（四）实现了基本医疗保险药品目录的统一

2018 年安徽省统一了城乡居民基本医疗保险目录，制定了基本医疗保险药品目录、医疗服务项目目录。统一城乡居民基本医疗保险保障待遇，制订城乡居民基本医疗保险统筹补偿指导方案。此外，一直以来，我省城镇职工基本医疗保险、城乡居民基本医疗保险、工伤保险和生育保险等分别执行各自的医保药品目录。为适应医疗技术水平和临床用药水平的提升，满足广大参保人员基本的用药需求，省人力资源和社会保障厅发布了《安徽省基本医疗保险、工伤保险和生育保险药品目录（2018 年版）》，新版药品目录于 2018 年 7 月 1 日起执行。该目录由凡例、西药、中成药和中药饮片四部分组成，西药和中成药部分共收载药品 2837 个，较安徽省 2010 年版药品目录增加了 415 个，增幅约为 17.1％。新版药品目录包括西药 1481 个、中成药 1356 个

（含民族药 102 个），其中仅限工伤保险基金准予支付费用的品种 5 个，仅限生育保险基金准予支付费用的品种 4 个。新版药品目录扩大了基本医疗保险用药保障范围，有利于减轻参保人员目录外药品费用的负担，也有利于支持临床用药技术进步和医药产业的新发展。

（五）完善“县管乡用”机制，解决基层医疗卫生机构基础设施薄弱和人才匮乏问题

为解决基层医疗卫生机构基础设施薄弱和人才匮乏问题，2018 年安徽省积极完善“县管乡用”机制，一是强化编制、人力资源社会保障、财政、卫生、计生等部门的政策协同，全面推行“县管乡用”人才管理机制。鼓励有条件地区探索实行基层医务人员“乡聘村用”。二是实施村医培训、培养计划，优先培养贫困县村医；加强贫困地区公立医院基础设施建设，完善贫困县医疗卫生服务体系，着力提升医疗服务能力，巩固健康脱贫成果。三是制定我省改革完善全科医生培养与使用激励机制的实施意见，培养 1000 名全科医生。

（六）持续推进智慧医疗建设，提升智能化水平

一是制定安徽省智慧医院建设规划、实施方案、建设规范和评价标准，成立人工智能研究院。搭建全省远程医疗信息系统，开展远程医疗服务，实现县乡远程医疗全覆盖。加快推进全民健康信息平台建设，指导督促合肥市“国家健康医疗大数据区域中心”项目建设。二是推进人工智能辅助诊断系统（智医助手）实施，开展县域智慧医疗建设试点，适时总结推广。依托安徽医疗便民服务平台，提供智能导诊、预约挂号、网上支付、双向转诊、慢病管理等全省统一的“互联网＋健康”服务。

（七）探索建立紧密型城市医联体，实现医联体建设新突破

指导铜陵市开展紧密型城市医联体建设试点，改革医保支付方式，整合医疗预防资源，健全利益分配机制，支持疾病预防控制、妇幼保健等公共卫生机构参与医联体建设，打造责任、利益、服务、管理共同体。

（八）探索建立综合监管体系，促进医疗机构管理合法合理

一是制定并实施《安徽省基本医疗保险监督管理暂行办法》。由于

医疗保险制度覆盖人群多、业务涉及范围广、医疗需求增长迅速，加之现行医疗保险法律制度尚不完备、医疗保险监督管理不够严密等原因，基本医疗保险领域的违法违规行为依然屡禁不止。因此，为进一步规范基本医保参保方、医疗药品服务提供方、医保经办方行为，保障医保基金安全，维护参保人员合法权益，2018 年 4 月，安徽省出台了《安徽省基本医疗保险监督管理暂行办法》。

二是全面加强医疗服务监管，建立健全激励与惩处并重机制，落实《安徽省医疗卫生机构及其工作人员收受商业贿赂处理办法（试行）》，严肃处理违法违规行为。建立基于唯一执业代码的医务人员的诚信行医记录档案，规范各类医疗机构和医务人员的执业行为。

三是完善医疗服务综合监管平台建设，运用大数据信息化技术，创新执法监管手段，实现机构、人员、诊疗科目“三合法”，促进检查、用药、收费“三合理”。

（九）提升县域医共体建设水平，构建具有安徽特色的农村分级诊疗新模式

一是推广县域医共体建设天长模式，实行医保基金按人头总额预算包干支付，实现全省县（市、区）全覆盖；前三批试点县每县至少建成一个人财物统一管理的紧密型县域医共体。支持社会办医疗机构参与医共体建设。二是整合县乡两级药品采购平台，建设医共体中心药房，完善县、乡、村一体化药品供应保障体系。三是建设县域健康信息平台，确保实现紧密型医共体内诊疗信息联通共享。

二、安徽医疗保障存在问题的分析

（一）医保基金管理市场化不足

医保基金管理市场化不足主要表现在以下几个方面：一是基金对医药市场的监管制约作用不明显。在医药“大市场”下，医疗服务供方具有信息垄断、需方刚性需求等属性，参保对象及医保经办机构在医疗消费过程中处于被动地位，医保基金监管制约作用发挥不足，导致医药服务价格不合理甚至失控。二是基金报销引导合理诊疗的杠杆作用发挥不足。目前安徽省分级诊疗制度不完善，三级医疗机构的服

务功能无明确规定，各级医院都开展普通门诊服务，双向转诊无明确的转诊程序和健全的规章制度、基本医疗保险制度，从政策层面上没有引导好分级诊疗、医院基本药物制度不完善等都影响分级诊疗制度的实施。虽然医保基金在起付线、封顶线、报销比例设置方面均向基层有所倾斜，但总体来说对引导患者就医下沉的导向作用较差，患者小病大治、外转就医现象较多。三是基金保值增值效果差。作为全体参保人员“救命钱”的医保基金，其保值增值效果很重要。但目前保值增值方式单一，基金收益率无法再进行有效提升，增值空间遭遇政策瓶颈。

（二）医保制度碎片化问题仍较严重

目前安徽省正在大力实施将城镇居民医疗保险制度和“新农合”制度合并成城乡居民基本医疗保险制度，虽然这可一定程度上解决制度的碎片化问题，但合并后的城乡居民医保仍与城镇职工医保在筹资方式、待遇发放等方面有很大不同，两者之间目前仍缺乏有效的协调机制，增加了制度衔接的困难。制度分割导致运行成本增加、行政效率偏低，不仅使得有限的医保资源无法得到科学整合和有效利用，还影响了医保制度公平性，成为人口流动的制度障碍，制约了城镇化进程和经济社会可持续发展。

（三）异地就医医疗保险结算有待进一步完善

安徽省一直以来都是劳务输出大省，人口流动频繁，因此对异地就医的需求也较强。目前，安徽省大力实施异地就医直接结算机制，虽然取得了很大进展，但异地就医仍然存在着一些问题需要解决：一是异地就医结算有规定范围，申请办理程序较为烦琐，增加了异地申请就医成本。二是异地就医服务对象局限、定点医院覆盖面不广。三是由于流动人口多是从经济欠发达地区向发达地区流动，异地结算易使一些欠发达地区担心医保基金超支，因此可能在审核批准时人为设置门槛。

（四）医疗保险基金累计结余额较多，各地区结余水平差异大

按照我国人力资源和社会保障部指导意见的标准，城镇职工基本医疗保险基金累计结余应控制在 6～9 个月的平均支付水平，超过 15

个月平均支付水平为结余过多。但近几年来安徽省城镇职工医疗保险基金累计结余可支付月数一直保持在 16 个月左右，显然处于结余过多的状态。此外，安徽省各地区医保基金结余水平差异也较大。由于目前城镇居民基本医疗保险统筹层次较低，仅为市级统筹，这就导致结余水平较低的地市的医保基金难以满足当地城镇居民的医疗需求，而另一些地市却产生医保基金当年结余过多造成资源浪费的现象。

（五）各地保障水平有待进一步提高和均衡

作为综合医改试点省，安徽省通过采取一系列改革措施，各项基本医疗保险的保障水平均有很大程度提高，但我省因病致贫、返贫人口基数大、占比高，因此，今后应进一步提高保障水平，防止“因病致贫”“因病返贫”。此外，各区域之间的保障水平也存在不均衡问题。如 2017 年度安徽省“新农合”实际补偿比最低的是马鞍山市，仅为 58.4%；而“新农合”实际补偿比最高的是亳州市，达到 71.2%，两者相差 12.8 个百分点。

（六）“三项改革”推进力度不协同

由于医疗卫生体制和药品流通体制改革与医疗保险制度改革推进力度不同步，“看病难，看病贵”“药价虚高不下”等问题没有得到根本解决。多数统筹地区医疗技术水平相对较高的医疗机构极少，定点医疗机构的竞争机制和退出机制都难以形成。

第三节　完善安徽医疗保障制度对策建议

一、完善异地就医直接结算相关政策

异地就医直接结算尤其是跨省异地就医直接结算涉及管理体制、标准规范、运行机制等诸多内容，哪一个环节出了问题，都会直接影响整体功能的实现。目前，我省医保基金的统筹层次大部分在地市一级，各地缴费和保障水平不统一，医保药品目录、诊疗、服务设施更是千差万别，这些才是异地就医直接结算无法开通的真正原因。因此，

首先应提高医保报销的统筹层次，完善异地就医服务管理体系。如果省内医疗报销的制度、政策统一，那么各省之间医保对接也相对容易，医保异地报销就不难实现。其次，应完善异地就医直接结算相关的配套政策。相关部门需要制定更加周详精细的顶层设计，在新的制度安排下，把握好异地就医管理与费用结算、就医地管理和参保地管理之间的关系，化解地方政府、社保部门和参保人员之间的利益冲突，从提高统筹层次、统一标准、服务监管等方面入手，避免过分强调就医和结算的便利性，避免加剧就医人员向医疗发达地区集中的问题，避免影响基本医疗保险制度的长期可持续发展。最后，加大宣传力度。社保部门工作人员应定期开展社保知识入基层活动，使参保人员及时了解全省医保联网工作的进展及申办异地就医的相关政策。

二、以医保杠杆引导分级诊疗

为解决大医院“人满为患”、小医院“门可罗雀”的现状，也为有效解决看病难的问题，安徽省目前正在积极实施分级诊疗制度。因此，可积极发挥医保制度的杠杆作用，健全医疗分诊制度。首先，要加快完善医保支付制度，大力引导医疗机构落实功能定位，取消医保总额控制，对于三级医院，提高疑难复杂疾病和急危重症医保支付标准和报销比例，降低常见病、多发病支付标准和报销比例。对基层医疗卫生机构，鼓励其接收基层首诊患者和上级医院向下转诊患者。其次，要建立推动分级诊疗的鼓励性政策，对于县医院和基层医疗机构相应能力内的医疗费用报销，可不受医保预算总额的限制。可探索将固定额度的医保基金划拨给包括社区卫生服务中心、乡镇卫生院、诊所、村卫生室等基层医疗机构，鼓励竞争，提高质量和效率。同时，建议将日间手术纳入医保报销范围，建立低等级医院首诊患者转诊仍享受高比例报销制度。

三、多措并举控制医疗费用无序增长

一是改革药品流通体制，减少药（材）流通环节、降低药（材）价格；二是改革药品和医疗服务价格形成机制，科学合理地确定医保支付的药品价格及药事费、诊察费收取标准和手术费、治疗费、护理费等医疗服务价格；三是建立工资总额（人员支出）与药品耗材占比倒挂机制，切断医务人员与药品耗材供应商之间的利益关系，维护医生从业环境和尊严；四是完善并维护公益性的财政投入机制，明确政府对医院基本建设、设备购置和医院发展等投入责任，创新因改革导致医疗机构收益减少部分的政府补偿机制等。

四、加快基本医疗保险城乡统筹进程

在统筹“新农合”和城镇居民医保方面，安徽省虽然取得一定成绩，但是目前城乡居民基本医疗保险制度与城镇职工基本医疗保险制度之间还有着很大的差距，所以安徽省在建立健全基本医疗保障一体化的制度上还有待加强。政府应当公平、客观考虑当地的社会经济发展水平和居民对健康的重视程度以及居民平均收入等情况，适时、稳妥地颁布城乡居民医疗保险一体化政策，打破户籍、职业与地域的限制，健全城乡一体化的政策体系。按照“可选择、可转移、可衔接”的要求，探索不同的制度间转移、衔接办法，研究建立“保基本”，鼓励自愿“高保障”等多层次的医疗保障政策，以实现城乡居民医疗保险的全覆盖，加快推进我省统筹城乡的基本医疗保险进程。

五、加快完善多层次医疗保障体系

从国际经验和我国湛江、太仓等地的改革探索来看，在推进城乡统筹、实现制度整合的基础上，还要高度重视加强与补充医疗保险、大病保险、商业健康保险以及城乡医疗救助等的衔接，加快形成多层次的医疗保障体系，既保证基本医疗保险的可持续运行，也能够满足不同层次的医疗需求。

六、适当降低医保基金结余水平

医疗保险基金的筹资原则应遵循“以收定支、收支平衡、略有节余”，即医保资金不应该有过多结余。如果医保基金长期大量结余，除造成公共资金闲置浪费、削弱对参保者的医疗保障功能外，在管理上和政策方向上也存在着不小的风险，容易被挪用，滋生风险。因此，安徽省必须严格控制医保基金结余水平。首先，针对安徽省医保基金结余额过多但保障水平又偏低的问题，建议在提足风险准备金的同时，可适当提高住院医疗费报销比例或用于均衡职工医保、城乡居民医保的待遇水平，缩小两者之间差距，促进社会公平。此外，可考虑拓宽医疗保险个人账户使用范围。目前安徽省沉淀的医保基金中有三成左右是个人账户资金。而按政策规定，个人账户资金只能专款专用，不能共济使用，因此个人账户资金无法发挥保险的分摊风险功能。近年来，全国各地纷纷探索个人账户管理模式改革，主要有三种做法：一是拓展个人账户使用范围和对象，提高其效率，比如广东、江苏等省的部分地市率先实施个人账户家庭共济政策，参保人直系亲属、配偶也可以使用这笔钱去门诊、药店看病购药；二是将个人账户资金用于新的用途，比如广东、上海规定可用于购买商业健康保险；三是投入预防环节，如浙江宁波规定可将个人账户资金用于支付家人购买疫苗的费用或用于体检等。笔者建议我省可加以借鉴。

第四章　安徽养老保险发展报告

本章通过省内外和多指标的比较，展示了安徽省城镇职工养老保险、城乡居民养老保险以及企业年金的基本运行现状，尽可能全面介绍安徽省城镇职工基本养老保险制度、城乡居民社会养老保险制度以及企业年金制度的相关信息，并由此深刻认识目前安徽省养老保险事业发展中存在的问题，思考进一步优化改革的方向及具体举措。

第一节　安徽城镇职工养老保险发展状况

一、城镇职工养老保险基本状况与分析

（一）城镇职工基本养老保险的就业参保率

由表 4-1 可知，安徽省城镇职工基本养老保险的就业参保率，在经历了近年来的小幅下降后，2017 年呈现较大幅度的抬升，比 2016 年提高近 7 个百分点，这是征缴机构不断加强宣传并加大征缴力度，以致职工对制度的理解、信心和遵从度等不断提高的体现。

表 4-1　2009—2017 年安徽省城镇职工基本养老保险参保人数及参保率①

年　份	城镇就业人数（万人）	城镇职工基本养老保险缴费人数（万人）	缴费参保率（%）
2009	936.2	458.7	49.0
2010	973.5	492.0	50.5
2011	1038.3	537.7	51.8
2012	1141	578.4	50.7

① 城镇职工基本养老保险参保率，是指参加城镇职工基本养老保险参保职工人数与城镇就业人数之比。

（续表）

年　份	城镇就业人数（万人）	城镇职工基本养老保险缴费人数（万人）	缴费参保率（%）
2013	1226.2	592.2	48.3
2014	1277.4	596.9	46.7
2015	1292.1	610.9	47.3
2016	1327.5	634.3	47.8
2017	1378.5	754.1	54.7

资料来源：安徽省统计局网站 http：//www.ahtjj.gov.cn/tjj

（二）城镇职工基本养老保险替代率

2009—2017 年安徽省城镇职工基本养老保险平均养老金及替代率见表 4－2 所列。2016 年安徽省企业退休人员养老金增长 7.1%，比全国平均增长率高出 0.6 个百分点。企业退休人员养老金增长速度基本接近全省的经济发展速度（按可比价格计算 GDP 增长率），因此是比较合理的。与 2016 年一样，安徽省同步调整了企业和机关事业单位退休人员待遇，自 2017 年 1 月 1 日起，企业和机关事业单位全部退休人员的基本养老金，人均月增加 143 元，但离休人员不在养老金调整范畴之内。此次调整基本养老金，注重统筹照顾退休早、养老金水平偏低的高龄退休人员，通过定额调整、挂钩调整和倾斜调整等不同的调整方式，使总体调整水平达到我省企业和机关事业单位全部退休人员 2016 年月人均基本养老金水平的 6%。

表 4－2　2009—2017 年安徽省城镇职工基本养老保险平均养老金及替代率　（元/年，%）

年　份	城镇在岗职工平均工资	离退休职工平均养老金	替代率①
2009	29658	13702	46.20
2010	34341	15166	44.16
2011	40640	16708	41.11

① 基本养老金替代率的基本含义可界定为，退休人员养老金水平与在职职工工资收入水平的比率。城镇职工基本养老保险平均替代率是指全部退休职工的平均养老金与全体在职职工的人均工资收入之比。职工个人基本养老金替代率是指劳动者退休时的养老金领取水平与退休前工资收入水平之间的比率，即：个人基本养老金替代率＝退休后的退休金/退休前的工资。它是衡量劳动者退休前后生活水平差异的基本指标之一。

（续表）

年份	城镇在岗职工平均工资	离退休职工平均养老金	替代率
2012	46091	19802	42.96
2013	48929	20495	41.89
2014	50894	21396	42.04
2015	55139	23418	42.47
2016	59102	25080	42.44
2017	54332.5（私营与非私营平均）	25137	46.27

资料来源：2009—2016 年“城镇在岗职工平均工资”直接来源于《安徽省统计年鉴(2018)》“城镇非私营单位就业人员平均工资”数据，2017 年“城镇在岗职工平均工资”以及其他数据均根据《安徽省统计年鉴（2018）》统计整理而得。

（三）基金收支及管理

近年来，安徽全省城镇职工基本养老保险收支及结余均呈现递增趋势。从总体上看，基金收入大于支出，不存在支付困难，这为进一步调整退休金增长机制奠定了较好的财务基础。2009—2017 年，安徽省城镇职工基本养老保险情况见表 4 - 3 所列。

表 4 - 3 2009—2017 年安徽省城镇职工基本养老保险情况

（万人，万元）

年　份	年末参保职工总人数	离休、退休退职人员年末人数	基金收支情况		
			基金收入	基金支出	累计结余
2009	458.69	169.46	2993483	2322008	2805587
2010	492.05	177.50	3416000	2692000	3530000
2011	537.75	191.52	4453374	3199887	4783214
2012	578.40	205.36	5156755	4066624	5940032
2013	592.20	219.12	6052049	4490755	7454218
2014	596.90	232.3	6807025	5441083	8820160
2015	610.85	246.7	7917525	6313752	10423933
2016	634.31	257.9	8394118	6965752	11852299
2017	754.11	322.86	10202349	8115654	13938994

资料来源：《安徽统计年鉴（2018）》。

（四）安徽养老保险制度改革以来养老金调整政策

自2005年开始，安徽省企业退休人员养老金调整方案实行普遍调整和适当倾斜相结合的办法，每年都会调整一次企业退休职工的基本养老金，到2018年已经是连续第13年，使退休人员的养老待遇水平逐年稳步提高。2017年安徽省基础养老金的总体调整水平，达到企业和机关事业单位全部退休人员2016年月人均基本养老金水平的6%。安徽省企业基本养老金调整政策见表4-4所列。

表4-4　安徽省企业基本养老金调整政策

调整年份	调整对象	调整标准	测算的调高幅度
2017	机关事业单位调整对象为：办理退休手续时机关事业单位在编正式职工；机关事业单位中2016年12月31日前已达到退休年龄（按国家有关规定经批准留任的除外），应当办理但未办理退休手续人员属于调整对象，从办理退休手续次月起执行	定额部分每人每月增加40元；缴费年限每满1年，每人每月增加2元；每人每月增加本人基本养老金水平的1.5%	6%
2016	全省2015年12月31日前已办理退休手续的退休人员	定额部分——每人每月上涨65元。挂钩部分——缴费年限每满1年，每人每月增加2元。倾斜部分——企业高龄退休人员，分年龄段每人每月分别增加140元、180元、260元、330元；机关事业单位高龄退休人员，相应年龄段每人每月分别增加40元、70元、120元、160元	—
2015	2014年12月31日前已办理退休（含退职）并按月领取养老金的企业退休人员	每人每月增加125元＋（2元×缴费年限）	10.7%
2014	2013年12月31日前已办理退休手续并且按月领取养老金的企业退休人员	每月增加95元＋（2元×缴费年限）	—

（续表）

调整年份	调整对象	调整标准	测算的调高幅度
2013	2012年12月31日前按规定办理退休手续并且按月领取养老金的企业退休人员	每月增加90元＋（2元×工龄）	10％
2012	2011年12月31日前按规定办理退休手续并且按月领取养老金的企业退休人员	每月增加100元＋（1.5元×工龄）	23％
2011	2010年12月31日前按规定办理退休手续并且按月领取养老金的企业退休人员	每月增加90元＋（1.5元×工龄）	—
2010	2009年12月31日前按规定办理退休手续并且按月领取养老金的企业退休人员	每月增加80元＋（1.5元×工龄）	—
2009	2008年12月31日前按规定办理退休手续并且按月领取养老金的企业退休人员	每月增加65元＋（1.5元×工龄）	10％
2008	2007年12月31日前按规定办理退休手续并且按月领取养老金的企业退休人员	每月增加55元＋（1.5元×工龄）	—
2007	2006年12月31日前按规定办理退休手续并且按月领取养老金的企业退休人员	每月增加90元	—
2006	2005年12月31日前已经办理退休手续的企业退休人员	每月增加85元	—
2005	2004年12月31日前已经办理退休的人员	每月普遍增加养老金75元	—

注："—"表示没有官方数据。

二、各市城镇职工基本养老保险发展情况概览

分地区来看，见表4-5所列，2017年亳州市城镇职工基本养老保险参保人数增长率和领取养老金人数增长率均居全省之首，而且全省

所有地市的一个共同点是，养老金领取人数增长率都高于参保人数增长率，其中以阜阳市和黄山市最为突出。

表 4-5 2017 年安徽省各地市城镇职工基本养老保险参保与领取人数及其增长率

（人，%）

地市	参保人数及其增长率			领取养老金人数及其增长率		
	2016 年	2017 年	增长率	2016 年	2017 年	增长率
合肥市	1634144	1860526	13.85	367872	424435	15.38
淮北市	337151	381139	13.05	88325	110737	25.37
亳州市	156864	253318	61.49	54402	95091	74.79
宿州市	201166	286345	42.34	81399	133702	64.26
蚌埠市	388551	446982	15.04	161678	195690	21.04
阜阳市	250097	346818	38.67	110475	181085	63.91
淮南市	357112	418474	17.18	174204	212146	21.78
滁州市	326144	403724	23.79	140931	189789	34.67
六安市	203209	285341	40.42	109197	156609	43.42
马鞍山市	414837	428614	3.32	204767	231100	12.86
芜湖市	529847	608061	14.76	276415	323069	16.88
宣城市	325252	395477	21.59	131795	168289	27.69
铜陵市	205078	238084	16.09	85153	107207	25.90
池州市	114585	147187	28.45	40231	57823	43.73
安庆市	419906	496377	18.21	179992	217435	20.80
黄山市	147523	179445	21.64	58013	82074	41.48

资料来源：根据《安徽统计年鉴（2018）》整理。

由表 4-6 可知，从 2015—2017 年的增长率对比发现，各地区参保人数和领取养老金人数的增长率，在 2017 年普遍陡然提高，这一现象产生的原因应该是社会养老保险管理规范性的增强，当然更多因素还需要实际调查。

表 4-6　2015—2017 年安徽省各地市城镇职工基本养老保险参保及领取人数增长率

（%）

地　市	参保人数增长率			领取养老金人数增长率		
	2015 年	2016 年	2017 年	2015 年	2016 年	2017 年
合肥市	6.30	7.72	13.85	4.96	4.70	15.38
淮北市	1.53	1.71	13.05	6.35	5.70	25.37
亳州市	4.89	7.13	61.49	5.89	6.85	74.79
宿州市	－0.04	－0.17	42.34	6.09	6.45	64.26
蚌埠市	3.12	1.22	15.04	4.18	3.44	21.04
阜阳市	0.79	2.14	38.67	5.34	4.38	63.91
淮南市	1.48	7.75	17.18	8.62	21.20	21.78
滁州市	0.64	0.43	23.79	6.90	5.58	34.67
六安市	0.70	－11.75	40.42	8.02	－13.46	43.42
马鞍山市	－0.59	0.76	3.32	4.99	4.65	12.86
芜湖市	3.38	－3.31	14.76	6.85	3.05	16.88
宣城市	7.50	6.90	21.59	12.91	9.69	27.69
铜陵市	0.45	13.42	16.09	6.99	24.97	25.90
池州市	2.92	3.87	28.45	8.63	6.23	43.73
安庆市	2.98	－3.00	18.21	5.87	－2.44	20.80
黄山市	－3.85	－1.66	21.64	5.72	4.48	41.48

资料来源：根据《安徽统计年鉴 2016》《安徽统计年鉴 2017》《安徽统计年鉴 2018》整理。

2015—2017 年安徽省各地市城镇养老保险制度赡养率表现为逐渐升高的趋势，见表 4-7 所列。2017 年阜阳市、淮南市、六安市、马鞍山市、芜湖市五个城市的制度赡养率均已超过 0.5，这意味着这些地区不到两个职工养一个退休人员，养老负担较重。合肥市的制度赡养率最低，养老负担较轻，主要是因为省会城市吸引了更多的年轻人在此就业。

表 4-7　2015—2017 年安徽省各地市城镇职工养老保险制度赡养率[①]

地　市	制度赡养率			地　市	制度赡养率		
	2015 年	2016 年	2017 年		2015 年	2016 年	2017 年
合肥市	0.23	0.23	0.23	六安市	0.55	0.54	0.55
淮北市	0.25	0.26	0.29	马鞍山市	0.48	0.49	0.54
亳州市	0.35	0.35	0.38	芜湖市	0.49	0.52	0.53
宿州市	0.38	0.40	0.47	宣城市	0.39	0.41	0.43
蚌埠市	0.41	0.42	0.44	铜陵市	0.38	0.42	0.45
阜阳市	0.43	0.44	0.52	池州市	0.34	0.35	0.39
淮南市	0.43	0.49	0.51	安庆市	0.43	0.43	0.44
滁州市	0.41	0.43	0.47	黄山市	0.37	0.39	0.46

资料来源：根据《安徽统计年鉴 2016》《安徽统计年鉴 2017》《安徽统计年鉴 2018》整理。

三、安徽城镇职工基本养老保险发展状况的省际比较

（一）与全国平均情况比较

2017 年全国城镇职工基本养老保险的基本情况是，年末参加城镇职工基本养老保险人数为 40293 万人，比上年末增加 2364 万人，其中，参保职工 29268 万人，参保离退休人员 11026 万人，分别比上年末增加 1441 万人和 922 万人。全年城镇职工基本养老保险基金总收入 43310 亿元，全年基金总支出 38052 亿元，比上年增长 19.5%。年末城镇职工基本养老保险基金累计结存 43885 亿元。2017 年安徽省与全国城镇职工基本养老保险参保职工、退休人数、基金收入、基金支出、累积结余五项指标的增长变化情况比较，见表 4-8 所列。

表 4-8　2017 年安徽省与全国平均情况比较　（%）

地区范围	城镇职工基本养老保险参保职工增长率	退休人数增长率	基金收入增长率	基金支出增长率	累计结余增长率
全国平均	5.18	9.13	23.54	19.46	−12.09
安徽省	18.89	25.17	21.54	16.51	17.61

资料来源：《安徽省统计年鉴（2018）》《2017 年人力资源和社会保障部统计公报》。

① 制度赡养率是指参保的离退休人数占参保职工人数的比例。

从表 4－8 可以看出，在 2017 年城镇职工基本养老保险参保人数、退休人数、基金收入、基金支出、累积结余五项指标中，安徽省有三项指标的增长率高于全国平均水平，尤其是累计结余这一项非常突出，这说明安徽省的收支状况较好。

（二）与中部省份比较

笔者整理统计数据发现，在中部 6 个省份中，2017 年安徽省城镇职工基本养老保险参保人数增加比例最高（表 4－9），累积结余增速位列第二，基金收入增速位列末位，这说明征缴中还存在一些问题。

表 4－9 安徽省城镇职工基本养老保险与中部省份比较（2017 年） （%）

省份	参保职工增速	离退休人数增速	基金收入增速	基金支出增速	累计结余增速
山西	2.23	12.19	56.68	44.91	11.65
安徽	18.89	25.2	21.74	16.57	17.61
江西	3.7	8.12	39.98	29.09	21.15
河南	2.83	2.15	32.86	34.76	5.09
湖北	13.76	14.87	49.85	52.17	－8.6
湖南	3.98	16.48	33.26	32.39	9.64

资料来源：《国家统计年鉴 2017》《国家统计年鉴 2018》。

第二节 安徽城乡居民养老保险发展状况

一、安徽城乡居民社会养老保险基本情况

安徽城乡居民养老保险基金，由个人缴费、集体补助、政府补贴构成。个人缴费标准设为每年 200 元、300 元、400 元、500 元、600 元、700 元、800 元、900 元、1000 元、1500 元、2000 元、3000 元 12 个档次。参保人员自主选择缴费档次，政府代缴费人员可保留 100 元档次。鼓励有条件的社区将集体补助纳入社区公益事业资金筹集范围。鼓励其他社会经济组织、公益慈善组织、个人为参保人缴费提供资助。

补助、资助金额不超过目前设定的最高缴费档次标准。省、市、县人民政府应当对参保人缴费给予补贴。每人每年最低缴费补贴标准为：缴200元补35元、缴300元补40元、缴400元补50元、缴500元及以上的补60元。对参保人员的缴费补贴，省级财政目前承担20元，其余部分由市、县财政承担，市、县承担比例由各市确定。有条件的市、县可在省里规定统一补贴标准和在已提高补贴标准的基础上，适当再增加补贴，激励参保人员多缴多补，多缴多得。具体标准和办法由市、县人民政府确定，所需资金由市、县负担。对符合城乡居民养老保险参保条件的建档立卡的贫困人口、低保对象、特困人员、重度残疾人、计划生育特别扶助对象等特殊困难群体，由地方政府结合本地实际情况，在缴费档次范围内确定标准为其代缴养老保险费，并按规定给予补贴。鼓励有条件的村集体经济组织为贫困人员参加城乡居民养老保险给予资助。对领取独生子女父母光荣证的独生子女父母和落实绝育措施的农村双女父母参加城乡居民基本养老保险，各地可适当提高缴费补贴标准。

安徽省人力资源和社会保障厅与财政厅，根据《安徽省人民政府关于2018年实施33项民生工程的通知》精神，按照“兜底线、织密网、建机制”的要求，坚持和完善社会统筹与个人账户相结合的制度模式，强化多缴多得、长缴多得的参保激励机制，积极引导城乡居民参续保缴费，确保养老金按时足额发放。政府对符合待遇领取条件的参保人全额支付城乡居民基本养老保险基础养老金。目前全省城乡居民基本养老保险基础养老金最低标准为每人每月105元。各地根据当地实际，可适当提高本地区基础养老金标准，基础养老金提高部分由各地财政承担。2018年，全省城乡居民基本养老保险目标任务为：当年缴费人数达2000万，符合待遇领取条件的人员养老金发放率达100%[①]。2015—2017年安徽省城乡居民基本养老保险情况见表4－10所列。

① http：//www.ahhuoshan.gov.cn/openness/detail/content/5b66ad841ea8ac140c000038.html

表 4－10　2015—2017 年安徽省城乡居民基本养老保险情况

（万人，万元）

项　目	2015 年	2016 年	2017 年
参保人数	3396.56	3432	34294599
年末领取养老金人数	895.08	913	9149999
本年基金收入	1395616	1406183	1502072
个人缴费	338859	339380	362631
集体补助	34	97	90
政府补贴	1018734	991594	1044621
利息收入	30684	69702	79758
其他收入	4306	3541	1982
转移收入	2999	—	—
本年基金支出	956987	932064	965420
养老金支出	943815	912285	936419
其他支出	12036	3547	1982
转移支出	1136	376	9850
年末基金滚存结余	2206120	2680238	3216890

资料来源：《安徽统计年鉴 2018》。

个人缴费、集体补助以及政府补贴数额基本稳中有升，领取养老金的人数小幅增加。政府补贴占基金收入的 70%左右，可见城乡居民养老保险制度离不开政府的强力支持。

二、安徽实施城乡居民社会养老保险取得的成效

（一）城乡居民养老境况得到显著改善

城乡居民社会养老保险的实施，就像在城镇和农村地区铺开了一张养老保障网，通过引导城乡居民参加养老保险，以城乡居民缴费积累、政府补贴和基础养老金发放的方式，为其提供了一道养老安全防护网，让城乡居民由家庭养老向社会养老转变迈出了实质性一步。在城乡居民社会养老保险制度实施之前，农村地区老年人的养老需求与家庭养老供给的矛盾日益突出，特别是一些偏远落后地区，随着青壮

年劳动力进城务工，空巢老人、孤寡老人、病残老人的养老处境更加堪忧。在城镇，一些无业、伤残、病弱的老年居民，由于未能参加企业职工养老保险，没有养老金，有些仅靠领取城镇低保金生活，养老境况同样堪忧。多年来随着财政补贴不断增加，基础养老金水平逐年提高，城乡居民养老境况已得到显著改善。

（二）经办管理服务与信息化建设水平大大提高

全省注重运用现代管理方式和政府购买服务方式，降低行政成本，提高工作效率，加强城乡居民养老保险工作人员专业培训，不断提高公共服务水平，经办机构能够认真记录参保人缴费和待遇领取情况，建立参保档案，按规定妥善保存。各地市切实加强城乡居民养老保险经办能力建设，科学整合现有的公共服务资源和社会保险经办管理资源，充实基层经办力量，实行精细管理、便捷服务。同时，建立健全全省统一的城乡居民养老保险信息管理系统，并纳入金保工程建设，与其他公民信息管理系统实现信息资源共享；将信息网络向基层延伸，实现省、市、县、乡镇（街道）、社区实时联网，大力推行全国统一的社会保障卡，方便参保人持卡缴费、领取待遇和查询本人参保信息。

通过机构建设，不仅使城乡居民社会养老保险更好地运作，也使城乡参保居民得到更好的养老保险服务。安徽省城乡居民社会养老保险制度通过在各县（市、区）成立城乡居民养老保险工作领导小组，加大政府财政投入，不但注重基础平台建设和经办管理机构建设，实现机构、人员、经费、办公场地设施的“四到位”，而且形成上下部门联动、城乡部门联动、平级部门合作的领导和工作机制，机构建设进一步加强，机构功能进一步完善。各地通过对经办人员的各种业务能力进行培训，建立目标考核责任制、领导干部联系点制度和督查巡视制度，提高经办人员的经办能力和服务意识，如滁州以金保工程建设为契机，积极搭建和完善经办服务平台，连通省、市、县、乡四级网络，实现网上经办业务。广大城乡居民足不出户，就能办理参保、缴费、待遇领取等手续。大力推行银行代扣代缴，实行全程代理服务，实现参保登记、个人缴费、权益查询、待遇领取“四个不出村”。

第三节 安徽企业年金发展状况

一、全国企业年金基本情况

企业年金，又称企业退休金或雇主年金，是指在政府强制实施的公共养老金或国家养老金制度之外，企业在国家政策的指导下，根据自身经济状况自愿建立的，为本企业职工提供一定程度的退休收入保障的补充性养老金制度。企业（职业）年金是我国多层次养老保险制度体系的第二支柱，是职工基本养老保险的有益补充。为推动企业年金的发展，原劳动和社会保障部颁布了《企业年金试行办法》（劳动和社会保障部令第 20 号），并出台了一系列配套规章政策予以支持。比如，国家有关政策规定自 2008 年 1 月 1 日起，企业为其员工支付的企业年金费用，不超过职工工资总额的 5%标准内的部分，准予在企业所得税前扣除。对参加企业年金的职工来说，自 2014 年 1 月 1 日起，实施企业年金个人所得税递延纳税优惠政策。

从全国的企业年金发展状况来看，根据人力资源和社会保障部在 2018 年 3 月公布的 2017 年度企业年金业务数据显示，2017 年全国企业年金积累基金 12879.67 亿元，相对于 2016 年的 11074.62 亿元，同比增长 16.30%，增速略高于 2016 年。从参与企业年金的企业数及职工数来看，仅有微幅增长。2017 年有 80429 个企业建立了企业年金，参加职工 2331.39 万人，比 2016 年分别增长 5.41%和 0.27%。企业年金近年来发展速度放缓，甚至几乎陷入停滞状态，特别是从企业年金的参保职工数来看，2015 年出现断崖式下滑，2016 年以及 2017 年增长甚微，创十年来的最低增速点。

二、安徽企业年金情况

近年来安徽省企业年金基本情况从企业年金参保职工规模来看，2017 年企业年金参与职工人数最多的 10 个省市，依次为上海市、北京市、河南省、广东省、深圳市、山西省、江苏省、安徽省、山东省、浙江省，安徽省位列第八；从建立企业年金的企业数量来看，安徽省位居中间，见表 4－11 所列。总体而言，2017 年安徽省企业年金的基本特征与全国类似，参与职工人数增长率极低，只有 0.26%，企业户数增长率约为 3.7%，大约低于全国平均增速两个百分点。

表 4－11 2014—2017 年安徽省企业年金情况表

年 份	企业账户数（个）	职工账户数（人）	资产金额（万元）
2014	970	485285	1882543.40
2015	1002	473632	2280474.75
2016	1078	492352	2412704.58
2017	1118	493646	2616980.19

资料来源：历年《全国企业年金业务数据摘要》。

2017 年，安徽省企业年金资产约 261 亿元，规模上在全国各地区中位列第八位，属于千户以上企业建立企业年金账户的地区之一，可见，与其他大部分省份相比，安徽省企业年金的发展状况较好。

第四节 安徽养老保险发展中的问题思考

一、安徽养老保险呈现出的主要问题

（一）合理划分各级政府在社会养老保险中的财政事权和支出责任边界

资金充足是提高养老待遇水平的前提和基础，从养老保险的征缴效率来看，瞒报缴费基数等偷逃费款现象非常普遍，粗略测算目前实际的缴费率只有制度规定缴费率的六成左右，实现费款的足额征缴还有待征管水平的提高以及基层政府部门征管积极性的调动。安徽省企业退休人员基本养老金的增长速度，愈来愈低于在岗职工的平均工资增长速度，在岗职工工资和退休人员基本养老金差距不断拉大。

2005—2017 年，安徽省企业退休人员基本养老金连续增长，财政补贴也连年大幅增长，需要探索如何建立有效的养老金合理增长机制，以保持养老金与职工工资水平的协调和均衡，并提高筹资效率以减轻政府的社会养老财政负担，同时清晰划分各级政府在社会养老中的财政事权和支出责任边界。

（二）财政压力较大

全省不少地市多年来城镇职工养老保险一直入不敷出，收支存在缺口，只有依靠财政补贴养老金才能全额发放，而城乡居民养老保险，其筹资来源的 70％左右是由财政承担，所以未来随着人口老龄化的加重，新参保人数的增长速度将慢于领取养老金的人数的增加速度以及经济发展的新常态趋势，必然会导致政府的财政补贴连年大幅增加，从而使财政补贴压力继续加大。另外，安徽省在实施城乡居民社会养老保险的过程中，坚持“低水平、广覆盖、有弹性、可持续”的原则，由于保障水平较低，难以实现真正的“老有所养”。而且目前参加城乡居民养老保险的人群，一般选择的缴费档次较低，个人账户养老金非常有限，所以纵然财政承受极大的补贴压力，但城乡居民养老金仍难以实现真正的“老有所养”。

（三）企业年金对养老保障的作用有待提升

从目前看来，作为养老依靠的第二支柱，企业年金在整个养老保障体系中的作用基本缺失。参与率低、覆盖面小是当前企业年金发展的主要问题。2004 年开始我国实施企业年金制度，但十余年过去其覆盖率仍然较低，发展缓慢。2017 年，安徽省建立企业年金计划的企业户数只有 1118 家，参加人数仅占基本养老保险参保职工人数的 6.5％。因此与基本养老保险相比，企业年金参与率过低，必然使其在整个养老保障架构中无足轻重，同时企业年金在行业和地区之间分布严重不均，企业年金 3/4 的缴费额来自国有企业，中小企业为主的民营企业占比很小，多年来参与的企业户数、职工人数及基金规模均没有根本变化。从行业分布来看，参加企业年金的行业多集中在能源、电力、金融等垄断型、资源型或营利性较好的领域。这些使企业年金对提升广大退休人员的养老保障水平作用十分有限，难以发挥普遍意义上的第二保障支柱价值，必须采取有效措施加以突破。

二、思考与建议

（一）全面提高城镇职工养老保险管理水平

一方面，要规范缴费基数，提高征缴效率。按照现行城镇职工基本养老保险制度的缴费条件可以将参保人员分为职工和灵活就业者两类，二者社会统筹账户缴费率分别规定为 20%和 12%。在执行过程中，管理机构往往每年制定一个最低缴费基数，所有参保者都可以按照这个标准履行缴费义务，参保状态与就业状态脱离联系，导致最低缴费基数被滥用，使得养老保险的社会互济功能难以发挥作用。要解决管理部门难以克服精确跟踪参保者实时状态的难题，实时监控个体的参保身份变更与实际就业状态是否相符，提高管理水平，有必要考虑借助现代信息技术和制度措施，比如统一职工和灵活就业者的缴费率等。

另一方面，要提高统筹层次。十八届三中全会提出要实现基础养老金全国统筹，十八届五中全会明确提出到 2020 年职工基础养老金要实现全国统筹。实现全国统筹的前提是省级统筹必须严格、充分实现。人力资源和社会保障部发布《2012 年度人力资源和社会保障事业发展统计公报》，其中提到全国 31 个省份和新疆生产建设兵团已建立养老保险省级统筹制度。实际上，国际和国内学术界公认的省级统筹的标准只有一个——养老保险缴费资金流的收入、支出、核算、管理、调剂的层级集中在省一级，在省一级进行统收统支，其他任何标准都不算数。按照这个标准，目前只有北京、上海、天津、陕西是真正实现省级统筹的，即其他省市，包括安徽省都不属于省级统筹。目前安徽省养老保险还停留在市县级统筹层面，应该在省级统筹方面进一步思考，把工作做扎实。实现养老保险省级统筹，由省一级有关政府部门对养老保险统一管理，在省一级范围内统一征集、统一调剂费用，并统一计算基数与缴费比例，可以大大提高管理效率，避免由于统筹层次低带来的基金管理分散、调剂力度小、抗风险能力弱的问题，以致难以更好地发挥社会保险“社会共济”的功能，而且也带来了社会保险关系转移接续难等方面的问题。

（二）稳步提高城乡居民养老保险待遇水平

要实现城乡居民参保人年老后领取的养老金能大体基本满足基本养老需求，一方面要想方设法鼓励城乡居民选择较高的缴费档次、持续缴费，即多缴费、长缴费；另一方面，要加大对农村居民养老保险转移性支付的力度，建立合理的城乡居民社会养老保险制度投入增长机制。虽然安徽省财政农村居民的转移性支付每年均有所提高，但是与城镇居民相比还是较低，统计数据显示农村居民人均得到的财政转移收入只有城镇居民的 1/3 左右。所以，今后省财政应该加大对农村居民养老保险的支持力度，尤其要对经济相对落后的地区给予更大的支持，以提高农村老年人的生活保障水平，通过社会保障水平的稳步提高使农村居民分享经济发展的成果。

（三）鼓励中小微企业建立企业年金制度

企业年金比例极低，建立企业年金制度参与门槛较高是一个重要原因。根据现行《企业年金试行办法》，建立年金计划的企业需要满足三个基本条件：一是依法参加基本养老保险并按时足额缴费；二是已建立集体协商机制，民主管理制度比较健全；三是企业要能营利。其中，第三条对中小企业要求较为苛刻，它要求企业建立企业年金前 1 年无亏损，前 3 年必须有 2 年无亏损且该 3 年总体无亏损。事实上，许多中小企业生命周期较短，经济实力较弱，获利能力不强，现金流缺乏，员工流动性较强，基本满足不了这个条件。此外，近年来中国经济下行压力更是不断加大，也对中小企业加入年金制度构成阻碍，在经济效益不好、用工成本较高的情况下，中小微企业负担很重，而且基本养老保险对企业年金也有一定的挤出效应，因此企业参与企业年金的动力不足。激发中小企业参与动力是关键：一方面需要从企业年金制度上松绑，考虑打破“高门槛”；另一方面，要考虑给予更大幅度的税优政策，同时应适度降低基本养老保险的统筹账户缴费率，减少其对企业年金的挤出效应。

（四）建立基于工资水平的差别化企业年金个税政策

多年来我国企业年金参与率极低，已成为企业年金发展的最大威胁。要使企业年金在人口老龄化过程中真正发挥补充养老作用，减轻政府养老压力，必须采取有力措施提高我国企业年金参与率。为此，应将企业年金个税优惠政策，由目前实行的EET模式调整为“TEE+EEE”模式，即按一定的工资收入标准将劳动者划分为高收入和一般收入两个群体，对于企业年金的高收入参与者实行TEE税收模式，而对一般收入的参与者则适用EEE模式，同时取消优惠幅度范围限制。通过这种差别化政策，激励广大一般收入人群的参与，推动我国企业年金的发展，同时有效解决一直以来因企业年金覆盖面狭窄所产生的税收优惠不公平问题，而且对高收入参与者实行TEE征税模式也有利于增加当期财政收入。另外，实行“TEE+EEE”税收优惠模式，即意味着无论职业生涯过程中工资收入的高低，退休后领取企业年金时一律免税，这与我国尊老爱老的传统文化观念也更相吻合。

第五章 安徽异地就医发展报告

我国经济发展带来了人口的大规模流动，现如今异地长期居住、异地长期工作等情况成为普遍现象。人民生活水平的提高使得越来越多的人追求优质的医疗资源，在我国医疗资源分布不均衡的背景下，转诊转院的需求逐渐增加。为解决流动人口的异地就医问题、提供就医便利和保障，2016 年，国家异地结算系统开始上线运行，基本医疗保险全国联网和跨省异地就医直接结算工作全面启动。作为首批启动基本医疗保险全国联网和跨省异地就医直接结算项目的 22 个省份之一，安徽省于 2017 年完成了 17 个统筹地区全面接入国家跨省异地就医结算信息系统的工作。截至 2018 年 6 月，安徽省共设立 249 家异地就医定点医疗机构，异地就医直接结算 79490 人次，其中，省内异地就医直接结算 52455 人次，跨省异地就医直接结算 27035 人次[①]。异地就医直接结算政策不仅解决了异地安置人口的异地就医费用报销问题，还提高了优质医疗资源和服务的可及性，有利于提高整个社会的福利。

第一节 安徽异地就医现状分析

一、安徽异地就医的背景

（一）人口环境

随着经济不断发展，劳动力流动更加频繁。安徽省作为中部的人口大省之一，其人口流动速度和规模位于中部六省前列。安徽省流向外省半年以上的人口数逐渐增加，2016 年，安徽省流向外省半年以上

① 数据来源于安徽省人力资源和社会保障厅。

的人数超过了 1000 万，见表 5－1 所列。在流动的人群中，农民工占很大的比例。2017 年安徽省农民工的数量达到了 1919.1 万人，73.8%的农民工为外出农民工，本地农民工只占 26.2%，见表 5－2 所列。农民工群体长期异地工作和居住，由于我国基本医疗保险属地化的管理制度，其就医问题得不到有效的保障，这对于流动人口来说是不公平的。异地就医时，医疗费用无法报销或者报销困难等问题随着流动人口的增加越来越突出，亟须解决。

表 5－1 2005—2016 年安徽省流动人口情况表

年　份	总人口数（万人）	流向省外半年以上人口数（万人）
2005	6516	842
2008	6741	954
2009	6795	992
2010	6827	1038
2011	6876	1199
2012	6902	1157
2013	6929	1130
2014	6936	1053
2015	6949	1045
2016	7027	1052

资料来源：《安徽统计年鉴 2017》。

表 5－2 2013—2017 年安徽省农民工情况

年　份	农民工总量（万人）	外出农民工数量（万人）	本地农民工数量（万人）
2013	1782.9	1287.6	495.4
2014	1850.2	1320.3	529.9
2015	1858.8	1371.4	487.4
2016	1878.4	1380.1	498.4
2017	1918.1	1415.4	502.7

资料来源：《安徽统计年鉴 2016》《安徽省 2017 年国民经济和社会发展统计公报》。

（二）医疗环境

第一，医疗供给不足。安徽省医院数量和医疗卫生专业人员的数量与东部城市相比仍然有较大的差距。2008—2016 年，安徽省的医院数量保持着平稳的增长态势。对比东部地区的江苏省以及西部地区的重庆市发现，安徽省的医院数量与江苏省和重庆市相比依然存在很大差距。2016 年，江苏省共有医院 1674 家，重庆市医院数量为 1606 家，而安徽省只有 1042 家医院，比江苏省少了近 37.8%。在医院等级上，2016 年，安徽省三甲医院的数量为 20 家，江苏省为 38 家，重庆的数量最少为 11 家，如图 5－1 所示。安徽省三甲医院数量远远低于江苏，这导致省内转诊转院的患者在跨省就医时，偏向转入江苏省的医院。

另外，安徽省专业卫生技术人员的数量也与江苏省和重庆市有一定差距。自 2012 年起安徽省专业卫生技术人员数量逐渐上涨。2016 年，安徽省每万人口的专业卫生技术人员数量为 47.88。同年，江苏省每万人口的专业卫生技术人员数量为 51.7，重庆市为 53，都高于安徽省。而且江苏省和重庆市专业卫生技术人员的增长速度也高于安徽省，从图 5－2 可以发现重庆市的增长速度最快，增长速率最稳。2016 年，江苏省职业医师人数达 204700，安徽省职业医师的人数约为江苏省的一半，仅 113810 人。总的来看，安徽省在医院和专业卫生人员数量上都落后于东部地区的江苏省以及西部地区的重庆市。安徽省内医疗资源供给不足、医疗服务水平不能满足民众需求，迫使大量追求优良医疗资源的患者跨省求医，成为异地就医的重要推动因素之一。

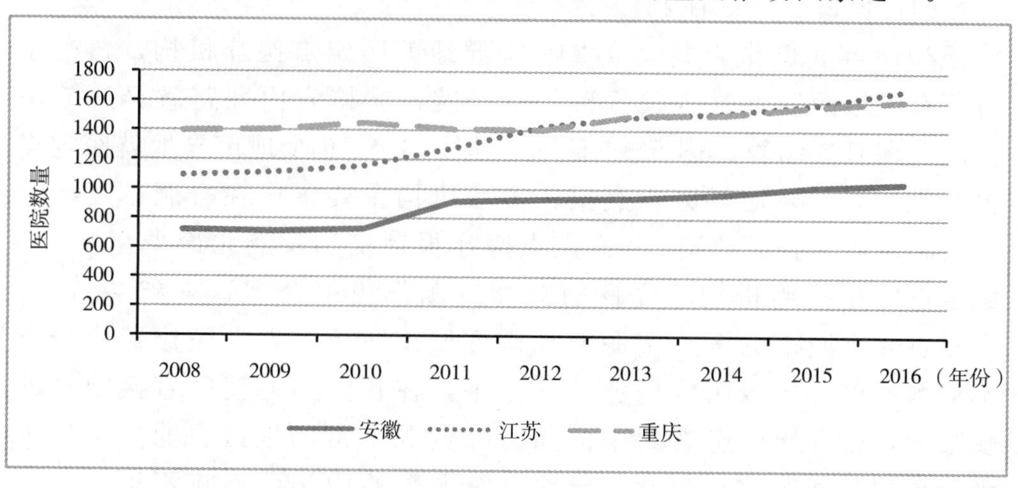

图 5－1　2008—2016 年安徽、江苏和重庆医院数量对比

资料来源：《安徽统计年鉴 2017》《江苏统计年鉴 2017》《重庆统计年鉴 2017》。

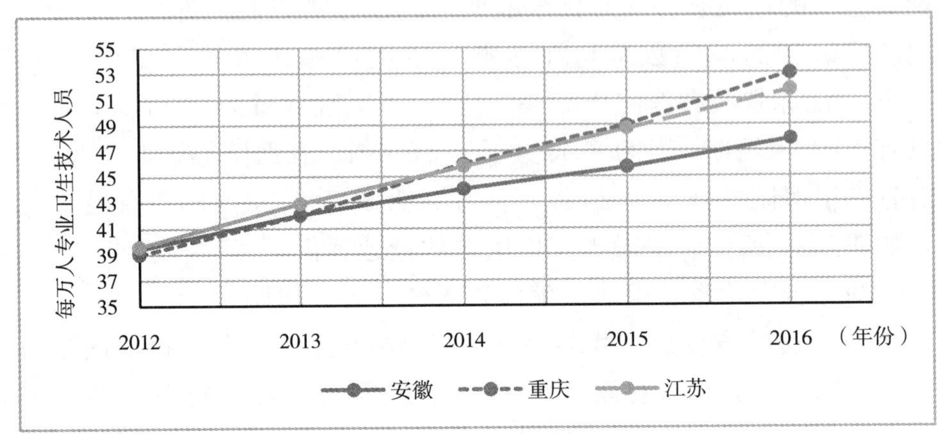

图 5-2　2012—2016 年安徽、江苏和重庆医院数量对比

资料来源：《安徽统计年鉴 2017》《江苏统计年鉴 2017》《重庆统计年鉴 2017》

第二，省内的医疗资源分布不平等。图 5-3 显示的是安徽省 16 个地市的医疗机构和医院数量的对比。从图中可以发现，各地市的医疗资源分布存在不均衡的情况。医疗机构总数排在前列的为阜阳市、六安市、合肥市和安庆市，淮北市和铜陵市的医疗机构总量最少。从各地市的医院数量来看，合肥市的医院数量最多，其次为阜阳和芜湖，六安市和黄山市的医院数量最少。其中六安市的医院数量占医疗机构总数的比例最低，只有 1%。

2018 年，安徽省共设立 249 家异地就医定点医疗机构，覆盖全省所有三级医院和县人民医院、中医院，支持省内和跨省异地就医住院费用直接结算。图 5-4 显示的是安徽省 16 个地市异地就医定点报销机构数。异地就医定点报销医疗机构主要集中在合肥，其次为安庆和阜阳。合肥市有 39 家定点医疗报销机构；淮北最少，只有 6 家定点医疗报销机构。优良的医疗资源都集中合肥这一省会城市，安徽省北方城市的医疗资源要比南方城市匮乏。省内医疗资源分布不均衡不仅会导致医疗服务的不公平，在省内异地就医直接结算的政策下，还会导致患者集中涌向医疗资源丰富的地区、涌向医疗等级较高的大型医院。因此，异地就医人数的增长可能将不利于基层医疗机构的发展。

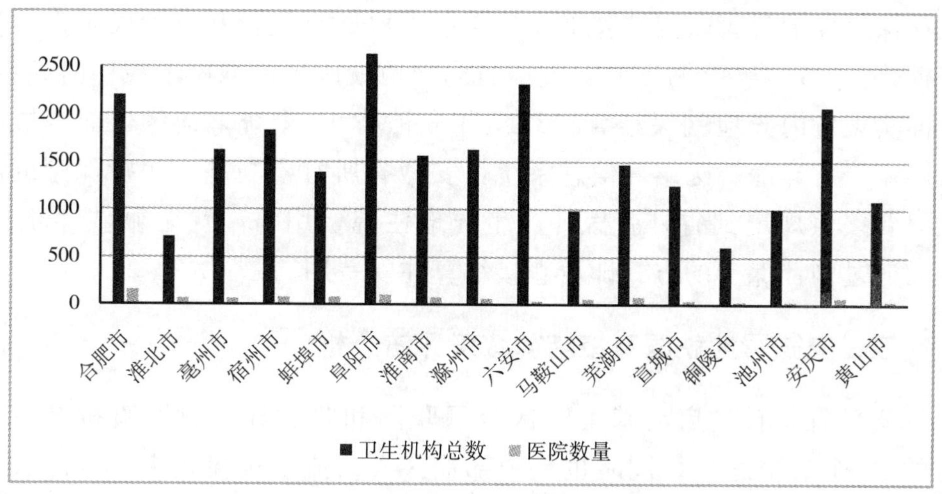

图 5－3　安徽省 16 个地市的医疗机构总量和医院数量对比

资料来源：安徽省人力资源与社会保障厅。

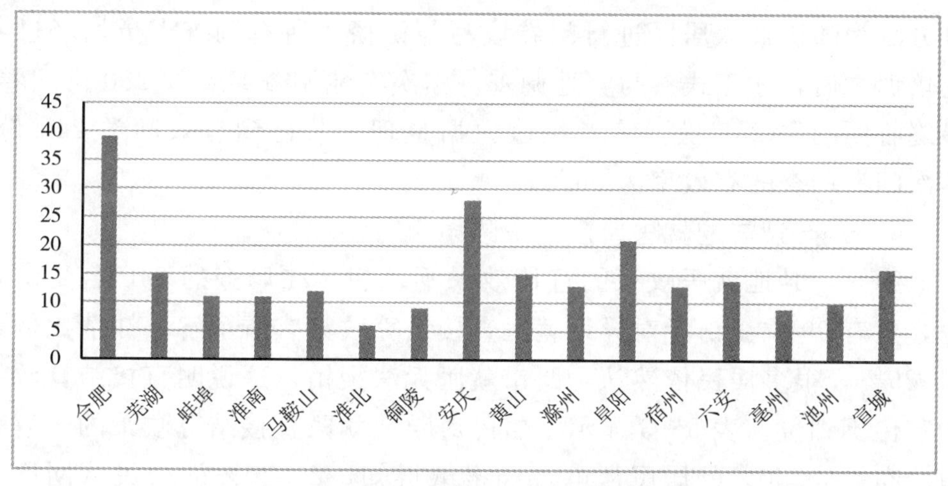

图 5－4　安徽省 16 个地市异地就医定点报销机构数

资料来源：安徽省人力资源与社会保障厅。

（三）政策环境

异地就医直接结算政策的实现不仅方便了流动人口，尤其是农民工群体的异地就医问题，还能够为有转诊转院需求的群体提供便利。2017 年底，全国跨省定点医疗机构已有 8499 家，90％以上的三级定点医疗机构已联接入网，超过 80％的区县至少有一家定点医疗机构可以提供跨省异地就医住院医疗费用直接结算服务。安徽省自 2013 年 7 月起启动基本医疗保险异地就医联网结算工作。通过采取试点先行和分阶段工作推进的模式，2013 年 12 月 8 日，安徽省内异地就医单向联网上线即时结算，全面实现省内异地就医结算。2017 年安徽省 17 个统筹地区全面完成接入国家跨省异地就医结算信息系统，安徽省所有参与基本医疗保险的居民只要按照规定到省外就医，产生异地住院费用时，就无须垫付资金，只需通过刷社保卡的方式即可直接结算住院费用。

二、安徽异地就医直接结算政策评估分析

安徽省是首批启动基本医保全国联网和跨省异地就医直接结算项目的 22 个省份之一，同时也是中部地区人口流动规模较大、速度较快的省份之一。选择安徽省作为研究区域具有较好的代表性。该次调查分别在安徽省 16 个地市展开，调查对象包括城镇居民和农村居民。调查方法为随机抽取居民进行问卷填写与访谈。所有调查人员均经过专业培训之后，才正式参与实地调查。本次实地调查共发放 250 份问卷，最终收回问卷 250 份。笔者经过数据整理，共得到有效问卷 240 份，本次问卷调查的有效率为 96%。

（一）安徽异地就医直接结算政策执行情况分析

第一，异地就医政策的宣传效果不理想。在调查的 240 名受访者中，只有 99 位受访者对异地就医直接结算政策有所了解。知情比例为 41.25%，很多居民依然认为跨市就医无法报销，这说明直接结算政策的宣传不到位。表 5－3 显示了居民对异地就医直接结算政策的了解渠道分布，30.30%的居民从电视和报纸得知，20.20%的居民从网络渠道了解该政策。相比较这些媒体渠道，政策宣传渠道缺乏优势，比例只有 19.19%。电视报纸和网络是这些渠道中宣传效果最好、受众最广的两种方式。

表 5－3 居民对异地就医直接结算政策的了解渠道分布

渠道	知道人数	比例
电视报纸	30	30.30%
政策宣传	19	19.19%

（续表）

渠道	知道人数	比例
保险相关机构宣传册	3	3.03%
医保工作人员告知	10	10.10%
子女、亲戚等	16	16.16%
网络	20	20.20%
其他	1	1.01%
合计	99	100.00%

表 5-4 是居民的个人特征与政策知晓情况交叉分析表。在处于 20～40 岁年龄段的居民中，49%的人知道异地就医直接结算政策，为所有年龄段中知晓比例最高群体。可能是因为处于该年龄段的居民有更多的能力和机会了解国家政策，比其他年龄段更关心政策变化对自己生活的影响。其次是 41～60 岁，知晓比例为 39%。从居民的受教育程度来看，研究生及以上学历的群体中知晓比例最高为 80%；其次是职高、技校、大专组，为 71%；受教育程度为小学的知晓比例最低。非农业户口居民中 51%的人数对异地就医政策有所了解，高于农业户口群体的 36%。总体来说，本次调查中，了解异地就医直接结算政策的居民人数比例低于 50%。城镇居民比农村地区居民了解政策的比例更高，年龄处于 20～40 岁阶段的居民对政策的了解高于其他年龄组，并且发现教育程度为研究生和高职的群体对政策的了解高于其他教育水平组。

表 5-4 居民的个人特征与政策知晓情况交叉分析表

变量		观测值	不知道（%）	知道（%）
年龄	20 岁以下	29	66	34
	20～40 岁	85	51	49
	41～60 岁	77	61	39
	61～80 岁	51	63	37
	80 岁以上	6	67	33

（续表）

变量		观测值	不知道（%）	知道（%）
教育水平	未上学	31	65	35
	小学	34	82	18
	初中	52	63	37
	高中	38	61	39
	职高/技校/中专	7	29	71
	大专	25	40	60
	本科	56	50	50
	研究生及以上	5	20	80
户口情况	农业户口	152	64	36
	非农业户口	75	49	51
	居民户口	21	48	52

第二，异地就医直接结算的执行效果不理想。根据问卷调查得到的数据显示，在250份样本中，57%的受访者近期有住院行为，其中异地就医的人数占整个样本的48.4%。异地就医的原因有三类，36%的受访者是因为异地安置，27%的受访者是因为长期居住，37%的受访者是因为转诊转院。表5－5和表5－6通过对比省内就医（住院）和省外就医（住院）的各项指标发现，省外就医（住院）的医院平均等级要高于省内。省外就医（住院）的平均医疗费用与省内的医疗花费相差不大，但是跨省就医未报销的平均费用高于本省。同时省内就医的居民中，85%采用的是直接结算，而这一比例在外省就医的居民中降低为78%，也就是说跨省异地就医直接结算的完成度要低于省内异地就医直接结算。根据受访者对医院的评价可知，无论是省外还是省内，居民对于医疗服务的满意程度的评价是“一般”甚至是“不满意”，普遍认为住院的花费比较贵，尤其是省外住院。从表5－5可以看出，跨省就医的平均交通花费和住宿花费非常高昂，约为跨省就医所花费的医疗费用的10%。受访者对省外就医和省内就医的效果评价为：住院结果是病情有所好转。受访者对于省内就医的医疗服务评价略优于省外，并认为省内外的平均水

平都处于“一般”水平。另外可以发现，外省就医时，等床位时间远远高于省内，省外为 7.69 天，省内为 1.12 天。

表 5-5　省内就医（住院）情况分布

指　标	均　值	方　差	最小值	最大值
距离	35.08	54.41	1	300
医院等级	2.26	0.86	1	3
医疗花费	17908.94	110062.00	40	1300000
未报销的部分	4591.55	7609.17	40	60000
治疗结果	1.54	0.66	1	4
支付方式	0.85	0.36	0	1
满意程度	3.45	1.45	1	5
是否昂贵	2.55	0.72	1	5
等待时间（天）	1.12	1.52	0	7

表 5-6　省外就医（住院）情况分布

指　标	均　值	方　差	最小值	最大值
距离	243.23	407.41	1	3200
医院等级	2.48	0.77	1	3
医疗花费	10801.73	20969.02	28	150000
未报销的部分	6148.71	11955.61	0	100000
等待时间（天）	7.69	11.11	0	60
治疗结果	1.47	0.60	1	4
满意程度	3.72	1.45	1	5
结算方式	0.78	0.42	0	1
是否昂贵	2.36	0.75	1	5
备案方便程度	1.96	0.72	1	4
交通花费	711.59	1351.04	0	10000
住宿花费	1038.76	1894.78	0	15000

（二）异地就医直接结算政策对居民异地就医意愿的影响

从此次调研得到的微观数据来看，居民异地就医意愿会受到除异地就医直接结算政策外其他很多因素的影响。本节将影响因素分为五大类型：个人特征、经济状况和工作单位特征、身体健康状况、政策特征以及家庭特征。另外，为展示异地就医直接结算政策对居民异地就医意愿是否会产生影响以及该政策影响的程度有多大，本节分别对五大类型变量进行交叉分析，再考察加入异地就医直接结算政策后居民异地就医意愿的变化。

表 5－7 显示了有无异地就医直接结算政策前后，居民个体特征与参与意愿的交叉分析。第一，从性别来看，男性和女性的外地就医意愿基本相同，但是在有异地就医直接结算政策的情况下，女性比男性更愿意去外地就医；第二，从受教育程度来看，异地就医政策对于教育程度为职高/技校/中专的居民异地就医意愿影响最大，从 50％提高到 86％；而教育程度为小学和初中的居民，其异地就医意愿对异地就医政策并不敏感，基本保持不变。第三，从户口类型来看，户籍为农业户口的居民，其异地就医意愿受异地就医直接结算政策的影响要比户籍为非农业户口的居民大。第四，从年龄段来看，不同年龄段的居民对于异地就医的意愿不同，20～40 岁年龄段的居民异地就医意愿最强，71％的受访者愿意外地就医；而 60 岁以上的老人异地就医意愿较低，只有约 50％的人愿意去外省就医。但是在异地直接结算政策环境下，较之于其他年龄组，80 岁以上的老人异地就医意愿显著上升，83％的老人愿意去异地就医；相反，20～40 岁年龄段的居民异地就医的意愿并没有大幅度地上升。

表 5－7　有无异地就医直接结算政策前后，居民个体特征与参与意愿的交叉分析

变　量		观测值	无异地就医政策比例（％）	有异地就医政策比例（％）
性别	男性	116	59	66
	女性	131	58	78
受教育程度	未上学	31	45	77
	小学	33	67	67
	初中	52	62	63
	高中	39	59	74
	职高/技校/中专	6	50	86
	大专	25	68	76
	本科	56	54	75
	研究生及以上	5	60	80
户口类型	农业户口	151	54	72
	非农业户口	74	64	77
	居民户口	22	68	59

（续表）

变　量		观测值	无异地就医政策比例（%）	有异地就医政策比例（%）
年龄	20 岁以下	29	52	76
	20～40 岁	85	71	75
	41～60 岁	76	54	79
	61～80 岁	51	49	70
	80 岁以上	6	50	83

居民经济状况和工作单位性质也会对异地就医意愿产生影响，见表 5-8 所列。当居民工作单位为党政机关和国有控股企业时，其异地就医的意愿较低，分别为 38%和 29%。而集体企业和个体企业的居民异地就医的意愿最高，为 73%和 74%。这可能是因为，个体企业的员工工作时间弹性大，可以不受工作地区和时间的限制，异地就医的可及性更高。同时，党政机关工作人员和国有控股企业的员工可能比个体企业的员工更有机会获取本地的优良的医疗资源。当异地就医政策可供直接结算时，党政机关和国有控股企业的员工异地就医的意愿明显增强，其中党政机关单位的工作人员异地就医意愿达到了 100%。其他就业单位的异地就医意愿也都有所提高，除了集体的员工，其意愿与之前持平。但这些单位员工对异地就医政策的敏感程度没有党政机关、事业单位以及国有控股企业的员工高。

表 5-8　居民经济状况和工作单位性质对异地就医意愿产生的影响交叉表

变　量		观测值	无异地就医政策比例（%）	有异地就医政策比例（%）
工作单位	党政机关	8	38	100
	事业单位	30	57	73
	国有控股企业	7	29	71
	集体企业	11	73	73
	中外合资或外商独资企业	2	100	100
	个体企业	27	74	79
	私营企业	34	59	65
	土地承包者	9	44	48
	其他	28	50	100

（续表）

变　量		观测值	无异地就医政策比例（%）	有异地就医政策比例（%）
年收入	低于 2 万元	43	58	66
	2 万～5 万元	45	53	66
	5 万～10 万元	26	58	73
	10 万元以上	12	58	75

从收入状况来看，年收入处于 2 万～5 万元阶段的受访者人数最多，年收入高于 5 万元的人群占总体的 30%，说明此次调查的受访者年收入总体水平不高。在四个收入阶段中，有三个收入阶段的群体对于异地就医的意愿都保持在 58%的水平，除了 2 万～5 万元阶段的居民略低，为 53%。可见异地就医意愿和收入并不存在显著的正相关关系。在可以直接结算后，各收入阶段的居民意愿都有所增加，年收入低于 2 万元和年收入处于 2 万～5 万元之间的受访者中，愿意异地就医的人数占比都为 66%。另外，在异地就医直接结算政策的支持下，可以发现，收入越高，其意愿越高。收入高的群体，其异地就医意愿受到政策的影响越大，可能是因为这部分高收入群体对医疗资源有着更高的需求，所以当有政策的支持时，其异地就医的意愿也会增强。

健康状况从四个方面考量：健康自评、是否有身体残疾、慢性病和近期的住院情况。从健康自评情况来看，认为自己身体健康状况“一般”的居民数量最多，其中 55%的人愿意去异地就医，为五组中就医意愿最低。认为身体“非常好”的居民中，63%的居民愿意异地就医，是比例最高的一组。异地就医直接结算政策对身体“非常好”的居民的异地就医意愿影响较小，从 63%提高到 64%，基本没有影响。相反，该政策对身体健康状况“一般”的居民异地就医意愿影响较大，从 55%提高到 76%。可能是因为身体健康状况处于“一般”的受访者平时在医疗服务上的花费更多，更需要政策的支持节约医疗成本。从身体的残疾状况来看，在有身体残疾但不影响生活的受访者中，其异地就医意愿为 43%，低于没有身体残疾的受访者，但在有异地就医直接结算政策的情况下，其异地就医意愿提高幅度最大，为 79%，高于没有残疾和有残疾但影响生活的受访者。

本次调查中，有 29%的居民患有慢性病。有慢性病的受访者群体中 61%的受访者愿意异地就医，这个比例要略高于没有慢性病的受访者的 58%。在异地就医直接结算政策的支持下，两者的意愿程度都有一定的提高，依旧保持相近的水平。这说明慢性病并不会影响居民的异地就医意愿，而且两者对政策的敏感度并没有太大差别。对近期有住院行为的受访者调查发现，其异地就医意愿为 59%，略高于近期没有住院行为的受访者的 57%。但是当有异地就医直接结算政策时，其异地就医意愿为 69%，低于近期没有住院行为的受访群体的 76%。近期没有住院行为的受访者，其异地就医意愿反而更容易受异地就医政策的影响，这可能从侧面说明，一些近期有过住院行为的受访者对当地医院的满意程度较高，不需要异地就医就可以满足他们的医疗服务需求（表 5－9）。

表 5－9　健康状况与异地就医意愿的交叉分析

变　量		观测值	无异地就医政策比例（%）	有异地就医政策比例（%）
健康自评	非常好	27	63	64
	好	82	61	70
	一般	89	55	76
	不好	30	57	76
	非常不好	17	59	67
身体残疾	没有	220	60	72
	有但不影响生活	14	43	79
	有但影响生活	10	60	64
慢性病	有	70	61	73
	无	174	58	72
最近是否住院	无	105	57	76
	有	142	59	69

是否享受到社会保障政策的福利也会影响异地就医的意愿。参加城乡居民基本医疗保险（包括“新农合”）的受访者最多，其异地就医的意愿比例为 59%，高于参与城镇职工医疗保险的 57%。在异地就医直接结算政策的条件下，参加城乡居民基本医疗保险（包括“新农合”）的受访者愿意去外地就医的比例上升为 70%。这可能是因为参与“新农合”的受访者为农民工，常年在异地工作，对异地就医的需求缺乏弹性。参加城镇职工医疗保险的受访群体中，愿意外地就医的比例从 57%上升到 77%。调查中，没有劳保福利的群体远大于享受劳保福利群体，在没有异地就医直接结算政策的情况下，他们的异地就医意愿低于享受劳保福利的员工，但是在异地就医直接结算政策的保障下，其异地就医意愿的比例升高到 73%，与享受劳保福利群体的比例持平。本次调查对象中，超过 90%的居民有医保卡，在异地就医直接结算政策的支持下，持医保卡的居民愿意异地就医的居民比例从 57%上升为 71%（表 5 - 10）。

表 5 - 10 社会保障政策与异地就医意愿的交叉分析

变量		观测值	无异地就医政策比例（%）	有异地就医政策比例（%）
医疗保险	城镇职工基本医疗保险	65	57	77
	城乡居民基本医疗保险（包括“新农合”）	162	59	70
	公费医疗或统筹	4	50	100
	商业医疗保险	5	40	60
	其他医疗保险	5	80	100
	未参加任何医疗保险	4	50	50
劳保福利	没有劳保福利	178	57	73
	有劳保福利	63	62	73
医保卡	有医保卡	220	57	71
	无医保卡	20	67	76

家庭特征也会影响受访者异地就医的意愿。表 5 - 11 从家庭成员数、家庭收入状况以及家庭房产状况三个方面来对居民异地就医意愿

进行考察。从家庭成员数来看，本次调查的家庭人口在1～3人的家庭数居多。一个家庭的成员越多，其异地就医的意愿就越强。但是当有异地就医直接结算政策支持时，不同家庭成员数的家庭的异地就医意愿都有一定程度的增加，但这种正相关关系不再明显。这也说明异地就医直接结算政策能够解决小户型人口异地就医的顾虑，使得异地就医更加安全便捷。从家庭收入情况来看，家庭收入低于2万元的家庭异地就医意愿较低，为45%，但是在异地就医直接结算政策环境下，其比例上升为75%，上升幅度在四组中最大。家庭收入10万元以上的家庭异地就医意愿最低，可能是因为这些家庭在本地就能很方便地享受到优良的医疗资源，并不需要异地就医。从家庭拥有房产数量的情况来看，本次调查中拥有一套房产的家庭数量最多，41%的受访者愿意异地就医。有两套房产的家庭成员异地就医意愿最低，为31%，但是在政策支持下，其异地就医意愿上升为80%，说明异地就医直接结算政策对拥有两套房产家庭的成员吸引力最大。

表5-11　家庭特征与异地就医意愿交叉分析

变　量		观测值	无异地就医政策比例（%）	有异地就医政策比例（%）
家庭成员数	家庭成员1～3人	109	39	77
	家庭成员4人	71	39	63
	家庭成员5人	44	41	69
	家庭成员6人	13	54	92
	家庭成员7人以上	5	60	80
家庭收入状况	家庭收入2万元以下	31	45	75
	家庭收入2万元～5万元	54	50	72
	家庭收入5万元～10万元	70	47	79
	家庭收入10万元以上	84	31	65
家庭房产状况	家庭无房产	17	47	72
	家庭一套房产	145	41	68
	家庭两套房产	58	31	80
	家庭两套房产以上	19	58	84

第二节 安徽异地就医面临的困境

一、异地就医直接结算政策宣传不到位

民众对于异地就医直接结算政策普遍处于不了解的状态。即使知道政策的存在，也不知道具体的备案流程和报销方式。调查中，笔者发现，不到 50%的人对异地就医直接结算政策有所了解。年纪大的老人对异地就医直接结算政策的了解程度非常低。即使在年轻人中，对政策的知情人数比例也只有 70%左右。城镇居民对异地就医直接结算政策的了解程度要比农村地区居民高。农民工这一相对而言对异地就医的需求更加迫切的群体，反而不了解异地就医直接结算政策，说明政策宣传没有达到预期效果。

二、民众异地就医意愿不强

从微观数据分析结果来看，民众对于异地就医的意愿并不强烈。异地就医意愿受到个人、家庭、经济状况和社会政策等多方面因素的影响，异地就医直接结算政策也并不一定提高民众的异地就医意愿。比如，无论是否有异地就医直接结算政策的支持，农业户口的居民对于异地就医的意愿都要低于城镇居民。从调研中收集到的原因主要总结为三点。首先，农民工对自己的健康水平自评的结果较高，往往会低估生病住院的风险，因此不认为自己需要在异地进行住院治疗。其次，农民工群体的教育水平普遍较低，又很少有时间和机会了解相关政策，对异地就医直接结算政策知之甚少，并不懂得为自己争取更多的权益。最后，一些农民工认为异地就医虽然可以直接结算，但报销力度可能会小于本省，自己往往需要承担更多的医疗费用。

三、异地就医结算备案程序烦琐

异地就医的第一步程序就是在参保地的医保经办机构进行备案。

备案提交的资料包括需要就医地提供相关证明和盖章等资料，除了要就医地定点医疗机构的签字盖章外，还需要就医地的基层社区组织和经办机构提供盖章资料。调查中，笔者发现很多受访者因为备案的程序烦琐，放弃了异地就医的机会。尤其对于广大农民工来说，回乡办理备案的机会成本较高，复杂的备案程序阻碍了异地就医工作的推进。另外，异地就医的医疗机构需要事先选择，这样经办机构才能将患者医疗信息备案到所选择的医疗机构的系统中，这种方式限制了民众就医的选择。

四、转诊转院存在阻力

从本次调研中获得的数据来看，异地就医的主要原因是转诊转院。对于转诊转院患者来说，异地就医报销需要获得参保地的转院许可和医院的转院证明。但调研中笔者发现，患者转诊转院会遇到多方的阻力。首先转诊转院的程序复杂，效率低下。患者需要填写异地转院转诊申请表，经过签字和盖章之后，审批才能完成。有转诊转院经历的受访者普遍认为医院审批时间过长，审批的效率低下，影响病人的最佳治疗时间。其次，患者转入的医院必须是备案时选定的定点医疗机构，不可以自由选择。最后，医院往往会为了自身的利益，并不同意病人提交的审批材料，此时一些患者为了获取更好的医疗服务资源，会产生寻租行为，该现象违背了异地就医的良好初衷，为一些医院的腐败滋生温床。

五、异地就医门诊费用不能参与结算

安徽省目前异地就医直接结算政策只覆盖了住院的医疗费用，并不支持报销异地门诊看病发生的医疗费用。但事实上，从获得的微观数据可知，流动人口大部分处于劳动年龄阶段，他们的身体处于比较健康的状态，住院行为的发生率很小，反而是门诊的行为频繁。在异地就医直接结算政策不能报销门诊费用的情况下，该政策对流动人口而言，实际意义并不大。另外，从调研中获取的信息来看，患有慢性病的居民门诊的频次要远高于住院，该群体对异地就医直接结算政策之所以不敏感，主要是对于住院的需求非常少，政策支持并不能为他们带来较多的福利，从而造成异地就医意愿处于较低水平。

第三节 安徽异地就医政策建议

一、加大异地就医直接结算政策的宣传力度

目前民众对于异地就医直接结算的政策内容和操作流程仍然处于不了解的状态。各地市要重视异地就医直接结算政策的宣传，确保将异地就医结算政策的内容传达给居民。各个社区要积极开展政策宣传工作，帮助有异地就医需求的民众完成异地就医的备案工作。除了借助传统宣传渠道如电视、报纸等，还需要借助新媒体的力量，如通过微信和微博等渠道向民众详细说明异地就医的政策内容，以简单的图示展示异地就医的备案流程。针对农民工群体，可以利用农民工春节返乡高潮期，在社区街道举办异地就医的政策宣传活动，协助有需求的农民工完成异地就医的备案工作。

二、加快医疗保险制度城乡统筹

跨省就医直接结算的基础，是要完成省内基本医疗保险制度的省级统筹。首先要加快整合城乡医保，实现城乡一体化的基本医疗保险制度。目前安徽省已经有 8 个地市（六安、蚌埠、滁州、黄山、淮北、安庆、淮南、铜陵）完成了城乡居民基本医疗保险整合，其他地市的城乡医保的统筹工作需要继续跟进。统筹城乡基本医疗保险能增加基本医疗保险的资金，提高基金抗风险的能力；对于农业户口的居民而言，统筹医保基金提高了农民的医疗保障力度。城乡统筹意味着农业户口和城镇居民将享受同样的报销力度。确认省内城乡居民享受统一的医保政策，这极大地方便了基本医疗保险的结算，为异地就医结算工作扫清障碍，有利于异地就医直接结算系统的高效运行。

三、简化异地就医备案手续

简化异地就医备案的手续，首先要适当减少需要提交的备案材料，删减不必要的流程，为患者节约时间成本，提高备案效率。尤其是农民工群体，会因为高昂的机会成本和自身教育水平的限制，从而不得不放弃备案的机会。其次，取消异地就医备案时需要选择异地就医的医疗机构的限制。这种方式限制了患者对异地医疗机构的选择范围，应该直接将患者的信息备案到异地的医疗系统而不是异地指定医院的医疗系统。最后，异地就医备案手续的简化还可以借助“互联网＋”手段，如居民可通过手机 APP 或者微信小程序等渠道，网上注册个人信息，提交相关证明。社区要发挥基层优势，对该社区提交的信息进行线下审核。这样无纸化的快速简单的备案方式不但能够节省备案时间，而且为长期异地居住或工作的流动人口提供了便利，能够吸引更多真正对异地就医有需求的居民参与其中，有利于异地就医直接结算政策的推广和普及。

四、提高安徽医疗服务水平

提高省内的医疗服务水平有利于减少跨省异地就医人数。通过微观数据发现，尽管异地就医的人数逐渐增加，但是省内就医人次依然要高于跨省就医人次，在本地医疗水平满足需求的情况下，民众对异地就医的意愿并不强烈。从调查整理的信息来看，安徽省异地就医需求的原因主要是异地居住和转诊转院，其中因转诊转院而异地求医的比例高于异地工作。这说明我省的医疗水平还不能够满足居民的需求，导致大量的患者向医疗服务发达省份流动。当省内的医疗服务水平提高后，可预期转诊转院的人数将大幅度减少。对优质医疗资源有需求的患者来说，本地医疗水平的上升将减少其异地看病的交通和住宿成本，为患者提供更加方便的服务。对本地的医院来说，提升本地医疗服务水平还有利于增强本地医院在市场上的竞争力，不仅有利于自身的发展，还能够解决地区间医疗发展不平衡的问题。

五、重视对异地就医直接结算政策的监管

在关注异地就医政策制度和异地就医直接结算平台建设的同时，也要重视医保政策的执行情况，及时对政策的执行情况做出评估。从调查中发现，异地就医直接结算政策的执行效果并不尽人意。受访者中有参保人员并没有享受到异地报销，也有患者转诊转院受到本地医院的阻力。这些情况说明安徽省在异地就医直接结算政策的执行方面缺少监督机制，导致直接结算政策难以真正在各个地市落实。因此政府相关部门要加强对异地就医直接结算政策的监督，依法惩治异地就医过程中的违法行为。要确保居民反馈渠道的畅通，及时解决居民反映的问题。对损害居民利益、阻碍政策执行的行为严惩不贷，保证异地就医过程的公正、公开和透明。另外，要加强对居民相关政策的教育宣传，让居民全面了解政策执行的法律规定，积极维护自己的权益不受侵害。

六、开展异地就医门诊费用的直接结算工作

异地就医直接结算政策要扩大覆盖范围，将门诊产生的医疗费用也参与结算，为居民提供更多的医疗保障。对门诊产生的医疗费用报销会增加流动人口异地就医的意愿，能更好地满足流动人口的医疗需求。此外，还能解决过度医疗问题，让疾病在门诊时得到痊愈，减轻大医院人满为患的压力，让有限的医疗资源得到充分发挥。同时也能减轻基本医疗保险基金的支付压力，降低基金的赤字风险。异地就医直接结算政策将门诊费用纳入报销范围，意味着更多的基层医疗机构将参与异地就医直接结算系统，这对于系统的信息处理和信息安全提出了更高的要求，需要在之前工作的基础上逐步实现。

第六章 安徽精准扶贫发展报告

第一节 安徽贫困概况及其扶贫开发工作成效

1986年，国务院贫困地区经济开发领导小组正式组建，中国开始了有组织、有计划的大规模农村扶贫开发工作，开发式扶贫模式由此确立。历经改革开放以来长期的反贫困实践，特别是经过1994—2000年《国家八七扶贫攻坚计划》以及2001—2010年和2011—2020年《中国农村扶贫开发纲要》等国家战略的颁布和实施，中国扶贫开发工作取得了杰出成效，实现了由普遍贫困到区域贫困再到基本解决贫困的伟大转变。对比1981年的统计数据，截至2015年底，中国农村贫困人口已由4.9亿人减少到7000多万人，贫困发生率亦从49%下降到5.7%，这意味着通过一系列扶贫开发政策的推进，已经有4亿多中国农村贫困人口成功脱贫，贫困发生率大幅度下降。与此同时，中国也由此成为率先完成联合国千年发展目标关于减贫要求任务的典范，对全球减贫事业的贡献率超过了70.5%，其反贫困实践经验为世界减贫工作提供了中国方案和宝贵经验。

然而，中国扶贫开发工作在取得令人瞩目成就的同时，也面临着新一轮的挑战。首先，随着经济减贫效益的不断下降，中国扶贫开发工作自2015年开始进入“啃硬骨头、攻坚拔寨”的冲刺期，再以“大水漫灌”式的扶贫手段已无从使政策和资金惠及剩下的贫困群体，亟须国家调整以往主要依赖于“涓滴效应”式的扶贫措施，重新制定更为精准化的扶贫机制。其次，生存性贫困问题虽得以基本缓解但发展性贫困问题则愈发加剧，贫困问题的性质已从绝对贫困向相对贫困过渡，因病、因残、因学等多维贫困问题日渐突出，有必要开展更具针对性的扶贫开发工作。最后，受经济社会发展不平衡不充分的影响，贫困人口主要集中在生存条件恶劣、经济发展落后的农村地区，其贫困主体多为年老、病残、劳动能力弱以及文化水平低等人群，表现出极为明显的分散性和脆弱性的特征，需要更具高效的治贫措施以解决致贫、返贫等频发问题。

在这一背景下，为了有效应对扶贫开发工作面临的新困境，2013 年 11 月，习近平总书记在湖南湘西考察时创造性地提出了“精准扶贫”思想，指出扶贫工作要“实事求是、因地制宜、分类指导、精准扶贫”。自“精准扶贫”战略首倡以来，社会各界就对其进行了深入研究，关于“精准扶贫”概念及其基本内涵，在现阶段已经有了全面统一的认识。所谓精准扶贫是指针对不同贫困区域环境、不同贫困农户状况，运用科学有效的程序对扶贫对象实施精确识别、精确帮扶、精确管理的治贫方式。精准扶贫战略的核心要义在于“扶真贫、真扶贫”，旨在通过对贫困户及其致贫原因的准确识别，将针对性的扶贫政策和措施下沉到各贫困主体，从而真正使贫困群体拔除“穷根”，以最终实现共同富裕。可以说，“精准扶贫”战略的提出，不仅是抵消经济减贫效应逐渐降低的必要措施，也将是中国未来贫困开发工作的主要方式，更是确保到 2020 年实现全面建成小康社会的根本保证。

一、安徽省情与贫困概况

从区位上看，安徽省位于中国的中部地区，地处长江、淮河中下游，土地面积为 13.94 万平方公里。地形上大体可划分为淮北平原、江淮丘陵以及皖南山区三大自然地形区域。从行政区划上看，现有 16 个地市，62 个县（县级市）区。截至 2017 年末，全省共有户籍人口 7059.05 万，常住人口 6254.8 万人，城镇化率为 53.49%。目前，安徽省共有 20 个国家扶贫开发工作重点县（大别山片区县 12 个、片区外重点县 8 个）、非片区国家扶贫开发重点工作县 8 个，非片区省级扶贫开发重点工作县 8 个（表 6－1）。

表 6－1　安徽省扶贫开发重点县分类情况一览表

县（区）名	类属市别	是否是片区规划县	是否是非片区国家扶贫开发重点工作县	是否是非片区省级扶贫开发工作县
潜山县	安庆市	是	否	否
太湖县	安庆市	是	否	否
宿松县	安庆市	是	否	否
岳西县	安庆市	是	否	否
望江县	安庆市	是	否	否
临泉县	阜阳市	是	否	否
阜南县	阜阳市	是	否	否
颍上县	阜阳市	是	否	否
寿县	六安市	是	否	否
霍邱县	六安市	是	否	否
金寨县	六安市	是	否	否
利辛县	亳州市	是	否	否
颍东区	阜阳市	否	是	否
裕安区	六安市	否	是	否
舒城县	六安市	否	是	否
石台县	池州市	否	是	否
砀山县	宿州市	否	是	否
萧县	宿州市	否	是	否
灵璧县	宿州市	否	是	否
泗县	宿州市	否	是	否
颍州区	阜阳市	否	否	是
颍泉区	阜阳市	否	否	是
界首市	阜阳市	否	否	是
太和县	阜阳市	否	否	是
金安区	六安市	否	否	是
谯城区	亳州市	否	否	否
蒙城县	亳州市	否	否	否
涡阳县	亳州市	否	否	是
埇桥区	宿州市	否	否	是

（续表）

县（区）名	类属市别	是否是片区规划县	是否是非片区国家扶贫开发重点工作县	是否是非片区省级扶贫开发工作县
定远县	滁州市	否	否	是
怀远县	蚌埠市	否	否	否

自脱贫攻坚政策实施以来，安徽省单位定点帮扶、干部驻村帮扶、县域结对帮扶、社会力量帮扶等各项工作扎实推进。目前，安徽全省共有精准扶贫帮扶责任人 661897 人，下派驻村工作队 8663 支，共有帮扶单位 49306 个，实施帮扶项目 2.8 万个，帮助引进项目 1.3 万个。总体上来看，安徽省贫困户的主要致贫是因病、因残和缺劳力（图 6－1），截至 2017 年底，安徽省已有 37.8 万因病致贫、返贫户实现脱贫，占比由 57.2％下降到 43.8％。2017 年全省贫困人口住院医药费用平均实际补偿比例达到 93.03％，较普通参保患者提高近 30 个百分点，慢性病门诊医疗费平均补偿比达 96.5％，落实贫困人口综合医保政策年度支出总计 76.44 亿元。

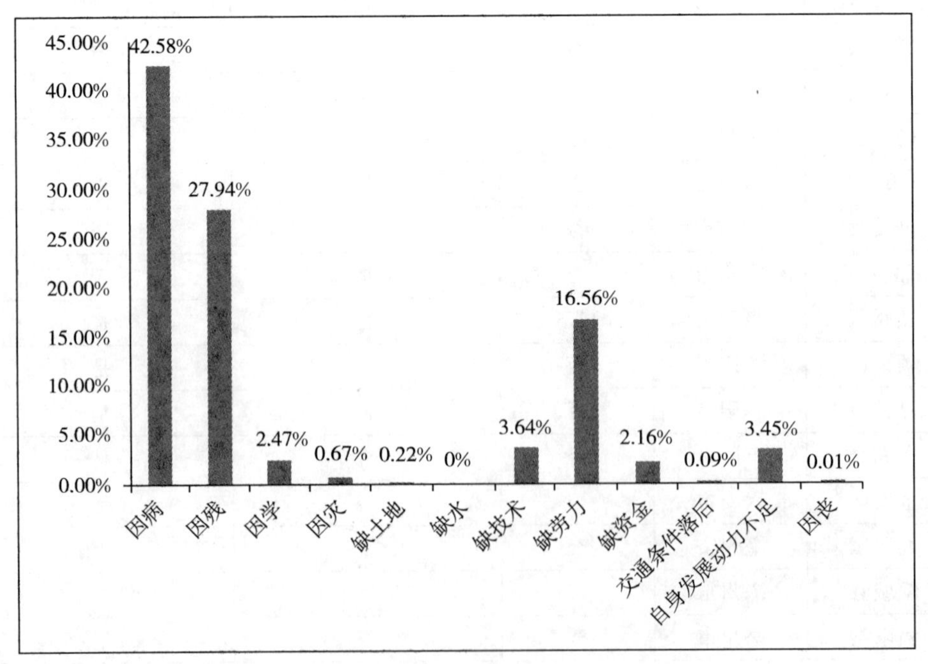

图 6－1 安徽省贫困户主要致贫原因统计

二、安徽各地市贫困人口及脱贫情况

安徽省贫困人口较多集中在宿州、阜阳、淮南、六安、安庆、池州、铜陵这几个地市。自 2015 年以来，安徽省各地坚持精准扶贫、精准脱贫的主线，不断创新扶贫机制，以产业扶贫为抓手，激活贫困地区的“造血功能”，引导贫困地区群众加速脱贫。2017 年安徽省实现 95.5 万贫困人口脱贫，1134 个贫困村出列，申请退出的 4 个贫困县贫困发生率均降至 1.5%以下，20 个国家级贫困县的农村居民人均可支配收入达到 12758 元。安徽省脱贫攻坚大数据管理平台数据显示，截止到 2018 年 12 月 27 日，目前安徽省仍有贫困人口 1226347 人，已脱贫人口数为 3459975 人；贫困村数量为 796 个，出列贫困村数量为 2204 个（详见表 6－2 所列）。在所有贫困户中，一般贫困户共有 936677 户，低保贫困户总户数有 607841 户，“五保”贫困户共有 211182 户。

表 6－2　安徽 16 个地市贫困人口脱贫情况一览表

地　区	贫困人口数量（人）	已脱贫人口数量（人）	贫困村数量（个）	出列村数量（个）	贫困县数量（个）	摘帽贫困线数量（个）
全省	1226347	3459975	796	2204	31	1
宿州市	162101	420966	115	244	5	0
淮北市	7096	29422	3	19	0	0
亳州市	98659	357596	27	259	4	0
阜阳市	319197	666411	177	339	8	1
蚌埠市	26706	99863	0	88	1	0
淮南市	63062	116659	56	106	1	0
六安市	241793	456620	186	256	6	0
合肥市	2732	196853	0	112	0	0
滁州市	47909	149804	21	102	0	0
马鞍山市	2458	28769	0	28	0	0

（续表）

地　区	贫困人口数量（人）	已脱贫人口数量（人）	贫困村数量（个）	出列村数量（个）	贫困县数量（个）	摘帽贫困线数量（个）
芜湖市	18842	106629	0	71	0	0
宣城市	2580	78818	0	109	0	0
铜陵市	41169	73999	43	22	0	0
池州市	37672	64697	46	43	1	0
安庆市	140445	541405	122	253	5	0
黄山市	13926	71464	0	153	0	0

资料来源：根据安徽省脱贫攻坚大数据管理平台数据整理得出。

第二节　安徽扶贫开发具体方略及其经验启示

目前，安徽省脱贫攻坚已经进入了决定性时刻。2018 年以来，通过一系列扶贫开发方略的推行，安徽省脱贫攻坚总体成效显著，特别是在大别山革命老区以及淮河行蓄洪区，已有安庆市岳西县、亳州市谯城区、蚌埠市怀远县、亳州市蒙城县等四县成功脱贫。此外，在扶贫开发工作取得阶段性成就的同时，安徽省也在反贫困实践中积累了丰富的成功经验，有必要对其进行全方位的总结、梳理和推广。

一、发展产业固根基

安徽省自 2018 年开始在全省出台实施产业扶贫项目提升行动、“四带一自”深化行动以及贫困村“一村一品”推进行动等产业扶贫三大行动。由于发展生产脱贫才是最稳定、最根本的脱贫，而安徽省又是农业大省，因而安徽省大力发展农业生产扶贫项目。2018 年，安徽省产业扶贫项目覆盖率已经超过 98%，全省共有 2700 多个贫困村全都发展起符合各自村特色的相关产业，将近 54 万户贫困户投入种植养殖产业中。“十三五”期间，安徽省大力推进贫困村和贫困户开展光伏扶贫，增加贫困村集体经济收入和贫困户家庭收入，加快扶贫对象增收脱贫步伐。到2020年，全省建成30万个户均3千瓦的贫困户户用光伏电站、1000个村均60千瓦的贫困村村级光伏电站，发电总规模达96万千瓦，实现受益贫困户家庭年均增收3000元左右，受益贫困村集体年均增收6万元左右，带动80万人以上贫困人口增收脱贫。2018年，安徽省到户光伏扶贫装机容量已经位于全国首位。

目前，安徽省就业扶贫申请人数为197974人，补贴额为1613690元，已经就业人数为176438人。安徽省要求全省的3000个贫困村均要配备产业指导员，特别是对于明确发展“一村一品”的贫困村，产业指导员的数量为1～2名；如果村里有超过2个主导产业，每一个主导产业都要配备1名相关产业指导员；如果村里还没有主导产业，那么每10～20户贫困户配备1名产业指导员。如果贫困村配备了2名或者更多的产业指导员，就选定1名产业指导员为组长，负责统筹协调工作。

安徽省还开发出很多特色产业扶贫规划，比如薄壳山的核桃产业以及适宜江淮分水岭以南地区特别是大别山片区栽植且比较效益较高的油茶产业。除此之外，还包括专用品牌粮食扶贫工程、特色园艺作物扶贫工程、特色畜牧业扶贫工程、特色纤维扶贫工程以及一些特色林业产业扶贫工程。安徽省在产业扶贫上还大力发展因地制宜的乡村旅游扶贫，探索扶贫开发与乡村旅游有机融合的新途径、新方式，发挥乡村旅游对贫困地区脱贫致富的带动作用，培育发展生态旅游、民俗旅游、文化旅游、休闲旅游等。实施休闲农业和乡村旅游产品建设工程、乡村旅游“后备箱”工程、旅游基础设施提升工程等一批旅游扶贫重点工程。争取到2020年，全省建设333个乡村旅游扶贫重点村，力争每个村旅游年经营收入达到100万元。

通过落实就业扶持政策和综合运用就业服务手段，帮助有就业意愿的贫困户家庭劳动力实现就地就近就业或转移就业。加大对贫困户外出务工人员和贫困户家庭大中专毕业生等返乡创业的支持力度，促进以创业带动就业。力争到2020年，使每个有就读技工院校意愿的贫困户家庭应、往届“两后生”都能免费接受技工教育，每个有劳动能力且有参加职业培训意愿的贫困劳动者每年到技工院校接受至少1次免费的职业培训，并推荐就业，实现“教育培训一人，就业创业一人，脱贫致富一户”的目标。2018年安徽省扶贫开发领导小组出台了《关于构建“三有”型稳定脱贫新模式》的实施意见。到2020年，要实现全省产业就业扶贫到村到户全覆盖，带动贫困人口增收比重达到60%以上，确保每个贫困村都有优势特色产业，每个贫困户都有产业就业扶持，每个有劳动能力的贫困人口都有增收致富技能。

二、易地搬迁助脱贫

“十三五”期间，国务院扶贫办核定安徽省“十三五”时期易地扶贫搬迁总任务为8.3万建档立卡贫困人口，涉及9个市的28个县（市、区）。但是在2018年的4月份，国务院扶贫办新增了安徽省2000人的搬迁任务，并计划在2019年实施完成，“十三五”总任务已经调整为8.5万人。为了完成国务院下发的扶贫任务，安徽省易地扶贫搬迁总投资约75亿元，其中：中央预算内专项投资5.81亿元；省政府发行地方政府债券8.1亿元；国家开发银行、中国农业发展银行发行专项建设债券设立的专项建设基金4.15亿元，并提供易地扶贫搬迁长期贷款约29.05亿元。预计在“十三五”期间，规划建设贫困户住房约208万平方米，配套建设安置区道路约1350千米、铺设饮水管网约2000千米、供配电网约1300千米；改造基本农田约4.1万亩，新增及改善灌溉面约3.6万亩，复垦宅基地约3.2万亩，修复迁出区生态约6.6万亩。

2018年，国家发展和改革委员会给安徽省下达的搬迁任务为19879人，19个县（市、区）实际建设安置住房数量为6093套，人均住房面积为24.6平方米，截至目前已经完成的投资额为9.24亿元。安徽省290个易地扶贫搬迁项目集中安置点主体工程已经完全竣工，截至2018年9月底，全省易地搬迁入住率已经高达76.7%。2018年底，安徽省已完成8.3万人的搬迁安置任务。

三、生态补偿谋发展

2018年1月，国家发展和改革委员会、国家林业局、财政部、水利部、农业部、国务院扶贫办六部委联合印发《生态扶贫工作方案》（以下简称《方案》），明确将采取超常规举措，力争到2020年带动约1500万贫困人口增收。《方案》提出，要大力发展生态旅游业，在贫困地区打造精品森林旅游地、精品森林旅游线路、森林特色小镇、全国森林体验和森林养生试点基地等，带动200万贫困人口实现增收。同时，要基于贫困地区资源优势，发展适合贫困地区的特色林产业与特色种养业，并积极引导贫困人口参与。

安徽省在“十三五”期间，实施新一轮退耕还林，新增任务的80%安排到贫困县，并优先用于扶持贫困户。验收合格后，由县级财政将第1年800元/亩的补助款直接打入贫困户一卡通，第3年、第5年验收合格后，再分别打入300元/亩、400元/亩的补助款。退耕还林补助期满的重点生态林将纳入公益林补偿范围。全面停止天然林商业性采伐，优先将贫困县内的天然林纳入国家天然林保护工程范围，并将具有重大保护价值的天然林生态系统，通过建立自然保护区和国家公园，实行重点保护和整体保护。提高天然林保护补助标准。2017年底前，安徽省完成了将金寨县、舒城县、六安市裕安区、岳西县、太湖县、潜山县等6个县（区）以及省级贫困县定远县、六安市金安区等列入国家重点建设工程规划的国家级贫困县的水土保持任务，每个县（区）每年治理水土流失面积6～20平方千米。在国家安排新一轮规划项目时，争取将有水土流失治理任务的贫困县纳入规划范围。

预计到2020年，安徽省将初步建立起水土流失综合防治体系，届时将有效遏制贫困地区水土流失状况。通过调整生态建设和补偿资金支出结构，支持在贫困县以政府购买服务或设立生态公益岗位的方式，以森林管护、农村保洁等为重点，让贫困户中有劳动能力的人员参加生态环境管护工作。同时，借助大黄山国家公园创建契机，充实完善国家公园管护岗位，增加国家公园、自然保护区周边贫困人口参与巡护和公益服务的就业机会，拓展贫困人口增收渠道，比如设置护渔员岗位、生态区生态保护公益岗位、农村环卫保洁岗位、护林员岗位等一大批生态公益岗位。以护林员为例，安徽省利用生态补偿和生态保护工程资金，安排了生态护林员岗位11484个，通过购买服务，每人每年给予一定的专项补助。

此外，安徽省各个地市也纷纷开展与本地产业特色和发展态势相符合的生态扶贫机制。比如肥西县就推行了“村集体（合作社）＋贫困户＋新型农业经营主体（建立基地）”的带动模式，因地制宜地组合运用订单联结、劳务联结、服务联结、租赁联结、股份联结的五大利益联结机制，力争实现产业特色鲜明、产业链条延展、产业效益提升，形成扶贫龙头企业或农民专业合作社与贫困户双赢的发展格局。在此基础上，肥西县完善特色种养业扶贫工程格局，提升特色产业发展水平，健全农业产业和贫困村、贫困户双赢的利益联结体制。

在三河镇贫困村，龙安社区开始谋划生态无污染黑鱼养殖业，实行从黑鱼鉴定、检验到网络订购及运销配送的一体化经营。黑鱼养殖产业园采用“公司＋基地＋获贷户＋市场”的经营模式，基地位于三河镇龙安社区周小圩，占地总面积175亩，土地来源为流转45户村民130.7亩土地和44.3亩村集体荒滩荒水。产业园还通过贷资入股、贫困户进园打工等多种方式直接带动贫困户增收脱贫。目前该产业园年产黑鱼可达145万斤，产值2000余万元，同时带给贫困村每年4万元的集体经济收入，23户贫困户每户每年1000元的最低收益保障。根据黑鱼养殖生产人力需求，产业园今后将优先吸纳在村的有劳动力且有脱贫意愿的贫困人口就业。

四、扶持教育增动力

发展教育脱贫是习近平主席强调要如何解决好“怎么扶”问题而提出的按照贫困地区和贫困人口的具体情况所需实施的具体扶贫脱贫工程之一。安徽省为扎实推进教育脱贫政策保障，向教育的三个方面——基础教育、教师队伍建设、信息化建设推动。

在基础教育方面，向基础教育倾斜，实施两期学前教育、三年行动计划，实现贫困地区“一镇一园”。全面改善贫困地区义务教育薄弱学校办学条件，全省105个县（市、区）全部通过义务教育发展基本均衡县国家督导检查，比原计划提前三年实现全覆盖。实施普通高中改造计划，2012 年来累计投入资金 9.13 亿元，支持贫困地区普通高中学校扩容改造和改善办学条件。

在教育队伍建设方面，安徽面向贫困地区专门实施农村义务教育阶段教师特设岗位计划，2009 年以来共招聘特岗教师 2.7 万人。加强贫困地区乡村教师业务培训，对国家集中连片特困地区 13 个县（区）实施乡村教师生活补助政策，在表彰奖励、评优评先、职称评审等方面给予贫困地区乡村教师倾斜，2013 年以来已选派 5416 名优秀教师到贫困地区和革命老区支教，让乡村孩子接受更加公平、更有质量的教育。

在信息化建设方面，建成省级基础教育资源应用平台和教育管理公共平台，平台访问量突破 1.5 亿人次，有力推动全省教育教学改革和管理现代化建设。建立在线课堂常态化教学模式，实现全省教学点在线课堂全覆盖，在中心校和县城优质资源学校建设“主讲教室”，在贫困地区教学点建设“接收教室”，把优质资源通过网络输送到农村偏远地区，实现师生双向互动教学，帮助农村教学点和薄弱学校开齐、开足、开好国家规定课程。

安徽省发展教育脱贫重点建设发展地区为皖北地区，重点扶持皖北地区的教育发展。加快皖北职业教育发展，支持新建皖北卫生职业学院。会同有关部门出台建设规费减免政策，支持皖北地区职教园区建设，累计投入资金 49.38 亿元。支持皖北地区选聘特岗教师 15258 名，累计培训教师 8 万人次。组织省属院校对口支援皖北地区院校，结对 32 个，合作开展项目 200 余项。在重点扶持皖北地区教育的基础上，安徽省还大力推进大别山地区教育扶贫工程。支持大别山连片特困地区 12 个县 54 所普通高中改善办学条件，共投入资金 5.08 亿元。发放乡村教师补助生活费 2.1 亿元。投入资金 5640 万元，分批选派 2820 名优秀教师到农村支教 1 年，带动乡村教师素质整体提升。实施农村义务教育阶段学生营养改善计划，每生每年补助 800 元，累计发放补助资金 4.06 亿元。安徽省还力求建立贫困学生资助体系，建立了从幼儿园到研究生全覆盖的资助政策体系，确保每一名学生不因家庭经济困难而失学。

五、社会保障兜底线

2016年，安徽省人民政府办公厅出台《关于社保兜底脱贫工程的实施意见》（以下简称《意见》），《意见》明确了近年来社会保障兜底的主要工作。安徽省为响应精准扶贫政策，将通过建立和完善农村社会救助家庭经济状况核查体系，进一步健全申请救助家庭经济状况核对机制，全面建立起纵向贯通部省市县、横向联通政府各有关部门（机构）的申请救助家庭经济状况核对平台，确保申请救助对象公正高效认定。实现民政低保信息系统与扶贫建档立卡信息系统的互联互通、信息共享，实现精准识别、精准救助。

自精准扶贫政策实施以来，安徽省将精准扶贫政策与农村低保政策相结合，由各地的农村低保和扶贫标准"两条线"逐渐转变为"两线合一"，实现"并轨"。"两线合一"即农村低保标准高于扶贫标准的地区，要将所有扶贫对象纳入低保范围；农村低保标准低于扶贫标准的地区，要将所有低保对象纳入扶贫对象。安徽省将建立健全低保对象动态调整机制，对经过扶贫开发收入增长实现稳定脱贫并高于低保标准的，要按规定退出低保范围；对没有劳动能力或暂时无法通过扶贫开发脱贫的困难家庭，要全部纳入农村低保范围，实行"兜底保障"。

安徽省数据显示：因病致贫、因病返贫的贫困户是脱贫的主要阻碍之一。全省将扩大医疗救助对象范围，将从低保对象、特困供养人员（重点救助对象）扩大至低收入家庭的老年人、重度残疾人、重特大疾病患者及因病致贫家庭重特大疾病患者等人群。其中，重点救助对象参加当地的农村合作医疗，代其缴纳个人应付的全部参合资金，资助率达到100%。同时，进一步完善住院救助，对符合条件的救助对象经基本医疗保险、大病保险和各类补充保险等补偿后，仍难以负担的合规医疗费用给予救助。

同时，《意见》还明确提出，要进一步加大省级医疗救助补助资金对贫困地区的倾斜力度、市级财政对本行政区域内贫困县的资金补助力度，以强化医疗救助制度、提高重特大疾病保障水平。另外，县级财政要根据测算的资金需求和上级财政补助资金情况，足额安排本级财政医疗救助资金，实施过程中的缺口部分由市、县级财政及时予以兜底。孤寡老人、身体患病人员基本为无劳动能力，属于特困供养人员，则需要社会保障兜底。对此，《意见》指出，要全面建立特困供养人员标准动态调整机制，按照不低于上年度当地居民人均消费性支出的60%合理确定供养标准，有效保障特困供养人员的基本生活。继续实施农村“五保”供养民生工程，进一步加大财政投入力度、提高供养水平。有条件的地区，通过政府购买服务方式，探索建立特困供养人员的护理保险、护理补贴制度，逐步解决特困供养人员的护理难题。

六、医疗脱贫保健康

2018年12月，安徽省卫生健康委员会、扶贫办、发展和改革委员会、财政厅、人力资源和社会保障厅、医疗保障局、中国银行保险监督管理委员会安徽监管局筹备组等七家单位联合制定了《安徽省健康脱贫三年攻坚行动实施方案》，提出要在未来三年内，完善贫困人口的综合医疗保障和公共卫生服务，并且让贫困县的主要卫生指标达到全省平均水平。安徽省在健康扶贫过程中坚持“保、治、防、提”的工作路径和目标任务，行动将重点在精准救治、综合防控、妇幼健康、医保倾斜、服务提升这五个方面发力，具体体现在：贫困人口和慢性病的精准救治；贫困地区重点传染病、地方病的综合防控；贫困地区妇幼健康促进；医疗保障扶贫以及贫困地区医疗卫生服务能力提升等方面。“保”是关键，解决“看得起病”问题；治”是手段，解决“看得好病”问题；“防”是根本，解决“少生病”问题；同时，“提”为“保”“治”“防”提供支持和保障。四个层面的“组合拳”，多措并举，精准施策，努力切断贫困与疾病之间的恶性循环，有效控制“因病致贫、因病返贫”。

围绕“贫困人口医疗保障、优化贫困人口医疗服务和贫困地区疾病防控、医疗服务能力提升”等重点任务，安徽省明确16条具体政策措施，着力构建政府主导、各方联动的工作推动体制机制，着力打造贫困人口“三保障一兜底”的综合医保体系。即提高基本医保、大病保险、医疗救助保障待遇水平，设定政府兜底保障线，实行慢性病门诊补充医疗保障。医保体系着力提升贫困地区医疗卫生服务能力，坚持防治结合、标本兼治，让贫困群众“看得起病、看得好病、看得上病、少生病”。

安徽省将贫困人口慢性病病种由现行基本医疗保险规定的20组扩大到45组，其医保补偿门槛降低为：贫困人口县域内普通门诊不设补偿起付线；取消住院预付金，在乡镇卫生院、县级医院、市级医院、省级医院住院治疗的，补偿起付线分别降至100元、300元、500元、1000元。医保补偿比为贫困人口县域内普通门诊医药费用限额内实际补偿比（以下简称补偿比）提高至70%；常见慢性病门诊按病种付费，补偿比提高至75%；特殊慢性病门诊参照住院治疗的补偿标准给予保障。在乡镇卫生院和县级、市级、省级医疗机构住院治疗的，按病种付费，补偿比分别提高到80%、70%、65%和60%，其中患特殊慢性病住院治疗的再提高5个百分点；患重大疾病按相关规定并在定点医疗机构治疗的，补偿比提高至70%。贫困人口大病保险起付线，由1万元～2万元降至0.5万元，分段补偿比例由50%～80%提高至60%～90%。

健康保障兜底为贫困人口通过基本医保、大病保险、医疗救助等综合补偿后，在县域内就诊个人年度自付费用不超过0.3万元，在市级医疗机构就诊个人年度自付费用不超过0.5万元，在省级医疗机构就诊个人年度自付费用不超过1万元，剩余部分合规医药费用实行政府兜底保障。因患者及其家属个人行为导致的过度医疗而发生的医药费用由患者自付；因医疗机构不合理检查、施治、用药等导致的过度医疗而发生的医药费用，由医疗机构承担，不纳入兜底保障范围。安徽省健康脱贫还实施“351”和“180”计划，“351”计划即贫困人口通过基本医保、大病保险、医疗救助、“两免两降四提高”等综合补偿后，在县域内、市级医疗机构和省级医疗机构就诊，个人年度自付费用分别不超过0.3万元、0.5万元和1万元，剩余合规医药费用实行政府兜底保障。“180”计划即实行贫困人口慢性病门诊补充医疗保障，贫困慢性病患者1个年度内门诊医药费用，经“三保障一兜底”补偿后，剩余合规医药费用由补充医保再报销 80%。2018 年 1—7 月，全省贫困人口住院、慢性门诊平均实际补偿比分别为 90.28% 和 96.19%。

第三节　安徽精准扶贫困境分析

为确保到 2020 年安徽省所有贫困地区和贫困人口一道迈入全面小康社会，在安徽省委省政府的统一领导下，全省各部门做了大量的扶贫工作并取得了较好的成绩。2018 年安徽省已脱贫人数为 3459978 人，出列贫困村数量为 2204 个，摘帽贫困县为 1 个。但在精准扶贫过程中仍然存在着许多困境，从笔者 2018 年实地走访调研的情况来看，安徽省精准扶贫工作仍然面临着以下五个方面的困境。

一、农民争当贫困户现象较为严重

根据地方扶贫干部反映，现阶段农村普遍存在农民争当贫困户的现象。在精准扶贫政策实施初始之际，大多数农户对国家的扶贫政策还不够了解，普遍认为国家扶贫政策仅仅是在产业上给予贫困户政策性的支持，并不享受其他的政策福利。另外，在农村地区被评为贫困户，大家都觉得是件很没面子的事，都不愿意当贫困户。随着国家精准扶贫政策不断完善与政策宣传的落实，农民对扶贫政策有了更加清晰的认识，现阶段农民基本都知道贫困户能够享受哪些扶贫政策。例如：小孩上学有补助，种植种地有补助，健康脱贫政策医疗补助比例高，“新农合”参保缴费的费用都是由政府兜底来缴纳、自己不用交钱等政策福利。因此，现阶段在安徽农村，农民争当贫困户的现象较为严重。

二、准确统计农户家庭总收入较为困难

精准扶贫政策的实施贵在精准识别，在多维度精准识别方法中收入维度占据主导地位。测算农户家庭总收入主要分布为家庭经营收入、

工资收入、财产性收入和转移支付性收入。在这四方面收入的构成中，绝大部分属于隐形的私人信息，客观上加大了准确掌握农户收支信息的难度。其次，农户一般不主动透露自家的真实收入情况。乡土社会是一个不规则的社会，在农业生产和日常生活上变现为粗放式与模糊性，致使农民本身就对家庭收入缺乏精准掌握。现在的农户都很“精明”，人人不露富，在入户核实家庭收入时多数农户偏向于少报家庭收入。例如，一家明明实际总收入有 5000 元，却谎报只有 3000～4000 元，而且大多数村民报的基本上是大概的毛收入，并不是精准的实际收入。

三、贫困户脱贫内生动力不足，参与意识淡薄

安徽省脱贫攻坚大数据管理平台相关数据显示，全省因病、因残致贫所占比例高达 70.52％，与 2017 年相比有所增加。同时，因自身发展动力不足导致贫困比例占有 3.45％。贫困户学历普遍较低，多为文盲及小学文化程度，“五保”户、单身户及老龄户所占比例较高。随着城镇化进程不断加快，农村人口外流成为常态，农村空心化、留守儿童、独居老人等社会现象普遍存在。现有的健康扶贫、社保兜底、小额信贷入股分红以及教育补助等扶贫政策解决了部分弱势群体的后顾之忧。与此同时，在某种程度上亦加剧了少数贫困户对扶贫政策的福利依赖，“等靠要”不良思想致使他们参与扶贫项目的意识淡薄，不利于脱贫攻坚向前推进。

四、农村信息化扶贫程度较低

信息化使现代生活变得更加便捷，让生产要素更富有产出价值。充分利用好互联网、大众传媒等现代信息技术的脱贫杠杆，能够更加轻易地撬起脱贫攻坚的磐石。然而，笔者在安徽省多地市（县）入户走访调查发现，虽然各地市（县）及农村地区加大了互联网基础设施建设的力度，许多农村地区也都相继实现了宽带连接，创造了有利信息化扶贫的前提条件。但是，大部分农村地区信息化软件设施建设薄弱，农民因教育文化程度低及思想观念僵化对新鲜事物缺乏敏感性，

存在着“不懂、不会、不用”甚至是抵触排斥互联网、大众传媒等现代信息技术的现象。另外，部分贫困户年龄较大，动手能力较弱，使用现代化信息设备时在视力、语言上仍有障碍。综合多种不利影响因素，现阶段我省农村信息化扶贫程度较低。

第四节　完善安徽精准扶贫的路径研究

安徽省始终坚持以习近平新时代中国特色社会主义思想为指导，将人民利益放在首要位置，严格落实精准扶贫的基本方针政策，将全省贫困人口如期脱贫作为重大战略目标。高标准、严要求、力求精准等工作总基调贯穿于整个扶贫过程中的每一个环节，确保到 2020 年实现全省农村贫困人口全部脱贫，本省所有贫困县全体摘帽，真正做到脱真贫、真脱贫。

一、加强政策宣传，打消群众顾虑与误解

农民争当贫困户的现象，一方面是趋利动机所致，另一方面是由于对国家有关扶贫政策理解不够透彻。群众心头的这块“心病”得靠“心药”来治，加强政策宣传，是有效避免这一问题的重要举措，有利于打消群众顾虑与误解。同以往的扶贫政策相比，现阶段国家的扶贫政策最为突出的亮点在于“精准”，改变了过去直接的“实物救济”帮扶方式。当前扶贫措施非常精准到位，已经实现了“一户一方案，一人一措施”。除极少数部分完全丧失自救能力的人群之外，大多数是依靠国家提供工作岗位与产业帮扶等措施帮助脱贫，注重于“造血”。国家有关部门及扶贫工作人员，要加大扶贫政策宣传力度，采取多样式的宣传渠道，可利用海报、广播、电视的传统媒体宣传以及互联网、微信等新媒体对农村扶贫开发政策进行宣传，帮助农民理解国家的方针政策，放下自己的“小家”，顾全全国的“大家”，理性地申请贫困户资格，为打赢脱贫攻坚战奠定基础。

二、综合使用定性与定量指标，构建科学合理的贫困户识别体系

现阶段我国的扶贫工作已从绝对贫困向相对贫困转变，农村居民收入来源渠道具有多元化和不稳定性的特点，准确统计农民家庭收入十分困难。如果单一使用收入指标来识别贫困户的话会造成较大识别对象的不准确性与不确定性，增加了精准识别的难度。现行贫困标准如果还是只考虑收入与消费主要因素，而忽视生产因素，就不能全面反映贫困户生活层次及其差距，只有考虑多方面因素来识别贫困户替代单一收入标准，才能够精准衡量贫困状况。因此，需要加快构建科学合理的贫困户识别体系，以收入定量指标为主，以健康状况、家庭贫困原因、住房结构状况、家庭耐用消费品等定性指标为辅，综合使用。同时，还应完善实施办法与管理流程，确保贫困对象识别的精准性、公平性和公正性。

三、激发贫困户内生动力，引导多元主体参与

生活在充满机遇、人人享有出彩机会的新时代里，排除一些身体残疾重病等不可抗力以外，每个人只要肯努力工作，贫困不再是难题。然而广大农村贫困户积极脱贫意识薄弱，内生动力不足。因此，扶贫先扶智，扶智先扶志。加强政策宣传与教育投入，引导贫困户积极参与技能培训学习，掌握现代科技信息技术，提高贫困户生产技能，鼓励贫困户外出就业与发展家庭产业，提高家庭收入，阻止贫困代际转移。充分发挥政府、市场、社会在精准扶贫中的作用，加强政府财政投入，发挥市场在贫困地区生产要素的配置作用，鼓励社会组织参与扶贫。完善回乡创业就业政策，通过减税、降费、金融支持等措施吸引企业回乡落户，增加农村就业机会，鼓励大学生回乡就业创业，促进人才回流。大力弘扬勤俭节约、艰苦奋斗的优良传统，营造奋发图强、积极进取的脱贫氛围，改变“等靠要”的不良社会现象。

四、疏导农户排斥心理，简化信息设备，充分利用“互联网+扶贫”

农村一些贫困户之所以排斥现代化信息设备，是因为对于信息技

术缺乏了解并且技能上也有欠缺，导致他们不会用、不敢用。帮扶干部在入户帮扶时应加强对贫困户的心理疏导，普及信息网络知识及操作技能，使他们心中有数，心里不慌。另外，大力推广方便操作且易学易会的信息化设备，满足多层次人群的信息化需求。最为重要的是，要加强农村信息化的人才培养，构建农村精准扶贫数据库，利用精准扶贫数据库实现识别精准，精准分析致贫原因，利用电商平台促进扶贫项目精准到位，实现“互联网＋扶贫”的顺利推进。

参考文献

[1] 阿玛蒂亚·森．贫困与饥荒——论权利与剥夺 [M]．北京：商务印书馆，2001.

[2] 陈富美．流动人口异地就医直接结算问题分析——以天津市为例 [J]．科技视界，2017 (11)：76.

[3] 楚魏，冯霞，张晓瑜．跨省就医直接结算的探索与思考——基于北京市朝阳区的实践 [J]．中国医疗保险，2017 (12)：56－58.

[4] 房莉杰．农村流动人口医疗保障研究综述 [J]．甘肃理论学刊，2006 (5)：50-54.

[5] 郭珉江，郭琳．流动人口异地就医即时结算现状与问题研究 [J]．中国卫生经济，2014，33 (1)：26-28.

[6] 黄华波．直面农民工异地就医新问题 [J]．中国社会保障，2018 (1)：82.

[7] 李博，左停．谁是贫困户？精准扶贫中精准识别的国家逻辑与乡土困境 [J]．西北农林科技大学学报（社会科学版），2017 (4)：7-13.

[8] 李亚子，刘阳．异地就医直接结算：承诺怎么兑现 [J]．中国卫生，2018 (10)：33-34.

[9] 李元霞，赵磊，张东航，等．我国异地就医结算问题分析 [J]．中国卫生经济，2016，35 (3)：28-30.

[10] 连嘉琪，郭丹丹．全民医保时代异地就医管理服务机制探析——以山西省为例 [J]．山东农业程学院学报，2018，35 (3)：84-87.

[11] 梁继鸿．安徽省基本医疗保险基金运行现状与可持续发展研究 [J]．中国农村卫生事业管理，2015，35 (6)：685-688.

[12] 刘宝臣，韩克庆．中国反贫困政策的分裂与整合：对社会救助与扶贫开发的思考 [J]．广东社会科学，2016 (6)：5-13.

[13] 柳丽．异地就医即时结算现状及问题的分析 [J]．就业与保障，2018 (Z1)：47-48.

[14] 秦立建，郝宇彪，王学文．农民工基本医疗保险异地转接的基金风险控制 [J]．社会科学研究，2015 (3)：39-43.

[15] 宋占军，任思雨．异地就医直接结算政策大事记 [J]．中国卫生，2018，398 (10)：40-45.

[16] 童星，林闽钢．我国农村贫困标准线研究 [J]．中国社会科学，1994 (3)：86-98.

[17] 汪磊，伍国勇．精准扶贫视域下我国农村地区贫困人口识别机制研究 [J]．农村经济，2016 (7)：112-117.

[18] 汪三贵，郭子豪．论中国的精准扶贫 [J]．贵州社会科学，2015 (5)．

[19] 汪书怡，刘宝．基本医疗保险异地就医结算和管理的思考［J］．中国卫生资源，2018，21（4）：346－350.

[20] 王介勇，陈玉福，严茂超．我国精准扶贫政策及其创新路径研究［J］．中国科学院院刊，2016，31（3）：289－295.

[21] 王震，严娟．外出务工人员期待异地就医直接结算的便利［J］．中国社会保障，2018（3）：84－85.

[22] 王震．从省内到跨省，急需信息“高速公路”［J］．中国卫生，2018，398（10）：35－36.

[23] 魏素萍，魏娜．四川省内异地就医联网结算管理实践探索［J］．中国医院管理，2015，35（7）：69－70.

[24] 邬婧．加快推进医保异地就医即时结算的几点建议［J］．审计与理财，2017（3）：12.

[25] 夏玉莲．贫困人口精准识别机制的创新研究——基于湖南省两个村庄的调查与思考［J］．理论月刊，2017（8）：154－159.

[26] 熊吉峰，孔繁荣．农民工异地就医即时结算的制度风险与对策［J］．当代经济，2011（19）：28－29.

[27] 徐翔东，袁白鹤．安徽：异地就医一路畅通［J］．中国社会保障，2018，284（3）：56.

[28] 杨莉华，王玉梅，宋敏．省内异地就医联网结算存在问题及对策措施［J］．实用医药杂志，2018，35（1）：91－93.

[29] 张芬，刘焱．我国基本医疗保险异地就医的风险控制［J］．医学与社会，2017，30（9）：4－6.

[30] 张文龙．安徽省基本医疗保险制度整合中的问题与对策研究［D］．合肥：安徽大学，2014.

[31] 郑先平，刘雅，傅强辉．社会医疗保险异地结算问题及对策探讨［J］．中国卫生经济，2015，34（2）：25－27.